Franca Mangiameli
Heike Lemberger

DAS GROSSE LOGI® BACK- UND DESSERTBUCH.

Über 100 raffinierte Dessertrezepte, die Sie niemals für möglich gehalten hätten. So macht Leben nach LOGI noch mehr Spaß!

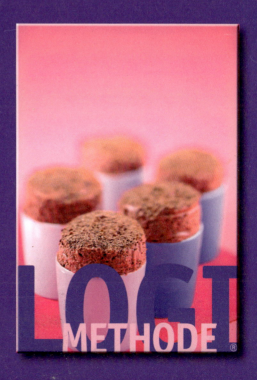

Vorworte

LOGI ist mittlerweile keine
Außenseiterernährung mehr. 4
Das LOGI-Back- und Dessertbuch soll mehr sein
als eine reine Rezeptsammlung. 6

Theoretisches

Die häufigsten Zuckerfallen. 8
Warum sind wir eigentlich so verrückt
nach Süßem? 9
Den Heißhunger auf Süßes besiegen. 11
Wie süß darf es bei LOGI sein? 12
Süßen ohne Zucker mit Süßstoff & Co. 14

Stevia – sündhaft süß und kohlenhydratfrei. 18

Umrechnungstabelle Zuckerersatzstoffe
auf einen Blick. 23

Das große LOGI-Aromalexikon.

Chilischoten – heizen Ihr Dessert richtig an! 25
Frische Früchtchen für eine natürliche Süße. 25
Gewürznelken & Co. – pfeffrige Blume. 25
Ingwer – Wunderknolle mit Feuer! 26
Kakao – edel und bitter. 26
Kaffee – nicht nur als Getränk ein Genuss. 26
Kokosraspel – süßes, exotisches Fruchtfleisch. 27
Nussmus – ein Muss. 27
Pfefferminze und Zitronenmelisse –
erfrischend lecker! 27
Puderzucker – süßes Fliegengewicht. 27
Salz – bringt Süßes besser zur Geltung. 28
Thymian – ein Allroundtalent. 28
Trockenfrüchte – süße Früchtchen. 28
Vanille – die Königin der Gewürze
und der Star in diesem Backbuch. 28
Zimt – ganz schön alt und total zeitgemäß. 30
Zitronen- und Orangenabrieb –
schmeckt nach Süden! 30

Einkaufshilfe: Wo gibt es was zu kaufen? 31

LOGIsch backen – die wichtigsten Zutaten.

Kohlenhydratarme Volumengeber. 32
Mandeln – der ideale und
bekannteste Mehlersatz. 32
Noch mehr Aroma dank Haselnüssen. 33
Kokosmehl. 34
Eiweißpulver. 34
Sojamehl. 35
LOGIscher Mehlersatz im Überblick
im Vergleich zu Weizenmehl: 35
Was man sonst noch für leckere
LOGI-Kuchen & Co. brauchen kann. 36
Eier – machen den Teig locker und Cremes
geschmeidig. 36
Butter, Öle & Co. 36
Quark, Ricotta und Frischkäse. 37
Backhilfsmittel – zum Binden und Verdicken. 37
Backtriebmittel. 39

Rezepte

Aufläufe.

Schokoladensoufflé 42
Zitronen-Vanille-Soufflé 43
Mirabellenclafoutis 44
Kirschauflauf 46
Pizzette dolce 47
Süße Lasagne 48
Fruchtiges Schaumgratin 50

Brot & Co.

LOGI-Brötchen 52
Pizzabrot 53
Fruchtige Nussstangen 54
Mandel-Möhren-Brot 56
Knäckebrot 58
Käse-Knäckebrot 59
LOGIsche Pizza 60
Rosinenbrötchen 62
Ballaststoffbrot 63
Pistaziencracker 64
Piniencracker 66
Gewürzstangen 67

Cremes.

Quarkmousse auf Rotweinzwetschgen	68
Ricottamousse mit Orangengelee	70
Haselnussnocken auf heißen Kirschen	71
Schwarzwälder Kirschbecher	72
Mango-Heidelbeer-Trifle	74
Orangencocktail mit Zabaione	76
Exotische Kokosterrine	77
Nashi-Birnen-Tiramisu	78
Ziegenkäsemousse mit Rhabarber	80
Erfrischende Mango-Zitronen-Creme	82
Bayerische Creme mit Zimtsauce	83
Mousse au Chocolat	84
Panna Cotta	85

Eierspeisen.

Waffeln	86
Sojapfannkuchen mit Apfelmus und Sahne	87
Süße Cannelloni	88

Eisiges.

Limetten-Minz-Sorbet	90
Vanilleparfait im Erdbeerspiegel	92
Geeister Kiwi-Basilikum-Cappuccino	94
Eisige Erdbeerschnitten	96
Kokoseis am Stiel	97

LOGI und Kaffee.

Himbeer-Cappuccino	98
Crème Café	100
Cappuccinoparfait	101
Ricotta-Kaffee-Kuchen mit Nusshaube	102
Café-Heidelbeer-Sorbet	104
Café Vanilla	105

Fruchtiges.

Gebackene Pfirsiche mit Vanille-Nuss-Butter	108
Karamellisierter Ziegenkäse auf Apfelragout	109
Gefüllte Feigen mit Ricotta	110
Sektgelee mit Melone	112
Aprikosen mit Nusshaube	114
Rosa Wölkchen	116
Birne mit Ingwer-Calvados-Schaum	117
Gebratene Wassermelone an Ziegenkäsemousse	118
Ananas mit Minzpesto	119
Ananas im Kokosmantel	120
Beschwipste Rotweinbirnen	122
Erfrischender Melonensalat mit Nüssen	123
Marinierte Chili-Erdbeeren	124
Obstsalat mit Schokosahne	126
Obstspieße mit Mascarponecreme	128
Beerentraum mit Vanilleschaum	130

Kekse & Co.

Grundteig für LOGI-Kekse	132
Ingwerekse	134
Engelsaugen	134
Kekse mit kandierten Früchten	135
Haselnusskekse	135
Mandelkugeln	136
Kokoskugeln	137
Haselnusskugeln	138
Schoko-Nuss-Herzen	139
Sanfte Herzen	140
Lebkuchenwürfel	141
Mohncookies mit Cashewkernen	142
Mandelspekulatius	144
Dominodoppelsteine	146
Vanillekipferl	149
Cantuccini	150
Rüblimakronen	152
Mohnrauten	154

Kuchen und Torten.

Saftiger Bananenkuchen	156
Saftiger Mandelkuchen	157
Früchtekuchen	158
Haselnusskuchen	159
Stachelbeertorte	160
Eierlikörtorte	162
Kirschkuchen	164
Schmandkuchen mit Mandarinen	165
Apfelkuchen	166
Mangocremetorte	168
Marmorkuchen	170
Möhren-Apfel-Kuchen	171
Muffinsgrundteig	172
Schoko-Bananen-Muffins	173
Blaubeermuffins	173
Orangenmuffins	173
Leichte Himbeer-Joghurt-Torte	175
Käsekuchen	176
Obsttörtchen	177
Gewürzkuchen	178
Erdbeerkuchen	179
Nuss-Sahne-Torte	180

Süße Sattmacher.

Kokosbällchen mit Zwetschgensauce	182
Topfenknödel mit Blutorangenragout	184
Ricotta-Blaubeer-Krapfen	186
LOGIsche Germknödel mit Butter und Mohn	188

LOGI ist mittlerweile keine Außenseiterernährung mehr. Abnehmwillige und Gesundheitsbewusste essen nach diesem Low-Carb-Konzept, und auch immer mehr Fachkräfte beraten im Sinne der LOGI-Methode.

Auch große Stars in den USA leben nach strengen Low-Carb-Regeln und formen so ihre Figur. Bekannt ist dies zum Beispiel von Heidi Klum, Hollywood-Diva Catherine Zeta-Jones, Bill Clinton, Kylie Minogue, Whoopi Goldberg und Jennifer Aniston: Sie alle ernähren sich low-carb. Aber das Abnehmen ist nur die eine Seite des Erfolgs. Für uns Ernährungsberaterinnen, die täglich mit Menschen zu tun haben, die Diabetes, Bluthochdruck oder Fettstoffwechselstörungen aufweisen, spielt die Verbesserung und Wiederherstellung der Gesundheit durch die Ernährung eine wesentlich größere Rolle. Die Gewichtsabnahme durch LOGI ist dabei ein positiver Nebeneffekt.

Die LOGI-Methode überzeugt nun schon seit mehreren Jahren. Zahlreiche Beispiele aus unserer Praxis untermauern, was in internationalen Studien immer wieder aufgezeigt wird: Verbesserung der Blutzuckerwerte, der Blutfette und der Leberwerte sowie eine Senkung des Blutdrucks. Und das alles dank einer Ernährungsumstellung zugunsten von Eiweiß und Fett und einer Reduktion der Kohlenhydrate. Kein Wunder, dass immer mehr Menschen in Deutschland im LOGI-Fieber sind.

VORWORT
DER AUTORINNEN.

Doch eine Frage stellt sich unweigerlich nahezu jedem LOGI-Einsteiger: »Darf ich nie wieder Kuchen, Kekse oder andere leckere Desserts essen?«

Das wäre für die meisten schwer durchzuhalten. Denn Menschen haben eine natürliche Vorliebe für die Geschmacksrichtung »süß«. Verstärkt wird diese durch den hohen Zuckerkonsum, den Süßigkeiten, Fertigprodukte und Fast Food in die Höhe schnellen lassen. Weihnachten ohne Plätzchen, Kaffeeklatsch ohne Kuchen und ein Sommer ohne Eis? Das muss auch im Rahmen der LOGI-Ernährung nicht sein!

Um auch diesen Gelüsten nachzukommen, war es uns ein Anliegen, ein LOGI-Back- und Dessertbuch zu schreiben. Ein Kuchenboden ohne Mehl, der nicht gleich auseinanderfällt. Weihnachtsplätzchen, die wie solche aussehen und schmecken. Süße Cremespeisen, die kaum Zucker enthalten, aber trotzdem süß schmecken. Eine leichte Aufgabe war die Entwicklung der Rezepte nicht.

Dennoch ist es uns gelungen, Back- und Süßspeisenrezepte zu entwickeln, die nicht ausschließlich Süßstoff und Eiweißpulver enthalten, um die Originalrezepte in ihrer Süße und Konsistenz zu imitieren. Unser Geheimnis: Wir verleihen unseren Rezepten mehr Aroma und verwenden dabei auch noch weniger Zucker. Drei Monate lang haben wir in unserer Backstube über 100 Rezepte entwickelt und getestet. Einige Rezepte, wie beispielsweise die Schokoladensoufflés, haben erst nach einer ganzen Reihe von Backversuchen unserem Gusto und dem unserer Testpersonen entsprochen.

Lassen Sie sich überraschen, was alles möglich ist!

Franca Mangiameli & Heike Lemberger

Das LOGI-Back- und Dessertbuch soll mehr sein als eine reine Rezeptsammlung.

Deswegen liefert es zusätzlich viele Informationen rund um das Thema Süßen – Zucker, Süßstoffe, Stevia und noch vieles mehr. Sie erfahren, wie Zucker verstoffwechselt wird. Warum Zucker dick machen kann. Unter welchen Namen sich Zucker in unseren Lebensmitteln versteckt. Wie Sie der Zuckerfalle entkommen können. Wie Sie lernen können, Ihr Geschmacksempfinden für süß zu verbessern. Und es liefert auch Erklärungen, warum wir eigentlich solche Süßschnäbel sind.

Da es sich in diesem vorliegenden Band um ein Back- und Dessertbuch handelt, haben wir uns dagegen entschieden, komplett auf Zucker zu verzichten. Ebenso haben wir uns dagegen entschieden, alle Rezepte mit Süßstoff zu süßen. Es ist uns dabei gelungen, einen Mittelweg zu finden, die Kohlenhydratmenge ohne Geschmackseinbußen zu reduzieren. Die von uns definierte Kohlenhydratdichte zeigt Ihnen, ob das Rezept im niedrigen oder mittleren Kohlenhydratbereich liegt.

Bei den Informationen zum Thema Süß- und Zuckeraustauschstoffe haben wir uns bemüht, Ihnen einen ausführlichen Überblick zur aktuellen Datenlage zu verschaffen. Ein Kapitel in diesem Buch haben wir dem natürlichen Süßungsmittel Stevia gewidmet. Lesen Sie mehr über die Herkunft und die gesundheitlichen Aspekte dieses süßen Krauts sowie über seine Verwendung beim Backen und Zubereiten von Süßspeisen.

VIEL MEHR
ALS EINE REZEPTSAMMLUNG

Eine Zuckerumrechnungstabelle hilft Ihnen, alternative Süßungsmittel richtig zu dosieren, um einen bitteren Nachgeschmack oder Übersüßen zu vermeiden. Unser Süßspeisen- und Backlexikon verschafft Ihnen einen Überblick über die wichtigsten Zutaten in der LOGI-Backstube. Abschließend soll unsere Einkaufshilfe Ihnen zeigen, wo Sie spezielle LOGIsche Lebensmittel erhalten und was diese im Durchschnitt kosten.

Vorsicht – LOGI-Desserts und -Backwaren sind nicht immer energiearm!

Unsere Erfahrung sowie Studien zeigen, dass Menschen von Lebensmitteln, die als »light« oder »Diät« gekennzeichnet sind, gerne mehr essen. Doch nach wie vor gilt – auch für LOGI: Wer am Ende des Tages mehr Energie aufgenommen als verbraucht hat, nimmt zu. Ein LOGI-Brot liefert weniger Kohlenhydrate, mehr Ballaststoffe und Eiweiß, aber nicht weniger Energie als ein Weizenbrot. Es hat eine bessere sättigende Wirkung, sodass Sie auch mit weniger LOGI-Brot Ihren Hunger länger im Zaum halten können. Dies gilt auch für viele andere Rezepte in diesem Backbuch. Sie sollen Sie nicht zum unbegrenzten Verzehr verführen, nur weil LOGI draufsteht, sondern Ihnen eine Alternative bieten, mal mit gutem Gewissen ein Stück Kuchen zu naschen oder einen Nachtisch zu genießen. Der Vorteil unserer Rezepte ist, dass sie weniger Zucker enthalten, damit auch weniger Heißhunger provozierende Blutzuckerschwankungen hervorrufen und auch weniger des Dickmacherhormons Insulin locken. Eine Portion LOGI-Dessert sättigt Sie also besser als eine vergleichbare Portion einer zuckerreichen Standardsüßspeise.

Ein Plus für das LOGI-Back- und Dessertbuch

Viele unserer Rezepte sind glutenfrei, das heißt frei von Weizeneiweiß, und damit auch für Menschen geeignet, die unter der Glutenunverträglichkeit Zöliakie beziehungsweise Sprue leiden.

Zucker hat viele Namen: Saccharose, Glucose oder Traubenzucker, Dextrose, Fructose oder Fruchtzucker, Maltose oder Malzzucker, Invertzucker, Glukosesirup, modifizierte Stärke, Maisstärke, Weizenstärke.

Die häufigsten Zuckerfallen.

Fangen wir mit den Erklärungen mal bei null an: Was ist eigentlich Zucker? Kohlenhydrate gehören neben Fetten und Eiweißen zu den Energie liefernden Nährstoffen. Zucker besteht aus Kohlenstoff, Wasserstoff und Sauerstoff und liefert pro Gramm 4,1 Kilokalorien. Da der menschliche Stoffwechsel in der Lage ist, selbst Zucker zu bilden, sind wir nicht darauf angewiesen, ihn mit der Nahrung aufzunehmen. Er ist somit nicht lebensnotwendig. Anders sieht es bei Fetten und Eiweiß aus: Diese müssen wir mit der Nahrung aufnehmen, weil unser Körper sie nicht herstellen kann.

Nehmen Sie sich vor zuckerfreien Produkten in Acht!

Kennen Sie das? Sie kaufen einen Fruchtsaft mit der Kennzeichnung »ohne Zuckerzusatz« und wundern sich, dass er trotzdem enorm süß schmeckt? Wie kann das sein? Laut der Health-Claims-Verordnung bedeutet »zuckerfrei«, dass maximal 0,5 Gramm Zucker pro 100 Gramm oder 100 Milliliter Nahrungsmittel enthalten sein dürfen. Dabei bezieht sich der Begriff »Zucker« auf den handelsüblichen Haushaltszucker. Das heißt aber nicht, dass das Nahrungsmittel frei von anderen Zuckerarten ist! Weiterhin ist es so, dass bei Säften zwecks Korrektur eines sauren Geschmacks bis zu 15 Gramm Zucker pro Liter Saft zugesetzt werden dürfen, ohne dass eine Deklaration im Zutatenverzeichnis erforderlich ist! Das entspricht immerhin 5 Stück Würfelzucker zusätzlich.

Auch ein Apfelsaft aus Fruchtsaftkonzentrat mit der Deklaration »ohne Zuckerzusatz« liefert 11 Gramm Kohlenhydrate auf 100 Milliliter. Es handelt sich hierbei um fruchteigenen Zucker.

Schauen Sie deshalb aufs Etikett!

Zucker hat viele Namen, hinter denen er gerne auf der Zutatenliste versteckt wird. Diese verbergen sich meistens hinter Begriffen mit der Endung »-ose« oder hinter dem Begriff »Stärke«. Aber egal, wie er sich nennt, Zucker ist Zucker, und dieser landet früher oder später im Blut und Ihr Körper muss daraufhin mit einer Insulinreaktion antworten.

Warum sind wir eigentlich so verrückt nach Süßem?

Die ausgeprägte Vorliebe für die Geschmacksrichtung süß wird von verschiedenen Faktoren geprägt. Diese tragen entscheidend dazu bei, dass wir auf den Kuchen zum Kaffee oder das Dessert nach einer Hauptmahlzeit kaum verzichten mögen. Naschen ist also für viele Menschen so wichtig wie die Luft zum Atmen.

Süßpräferenz zum Überleben wichtig.

Alles begann zu Urzeiten, als es keine Supermärkte gab und Lebensmittel auch nicht durch Etikettierung als verzehrgeeignet gekennzeichnet waren. Zu dieser Zeit musste man sich auf seinen Geschmacks- und Geruchsinstinkt verlassen, um genießbare von giftigen Lebensmitteln zu unterscheiden. Ausgeprägte Bitterrezeptoren auf der Zunge waren überlebenswichtig, denn bitter schmeckende Nahrung war mit größerer Wahrscheinlichkeit giftig. Süße Früchte dagegen waren zum unbedenklichen Verzehr geeignet. Während uns die Süßvorliebe zur damaligen Zeit das Leben retten konnte, wird dieses Erbe heutzutage zum gesundheitlichen Laster.

Lust auf Süßes ist angeboren.

Zudem scheint uns die Vorliebe für Süßes bereits in die Wiege gelegt zu werden. Forscher behaupten, dass Schwangere, die viel und gerne Süßes essen, dies an den Nachwuchs weitergeben. Verstärkt wird die Präferenz noch durch das süß schmeckende Fruchtwasser und durch den in der Muttermilch enthaltenen Zucker. Kein Wunder, dass Säuglinge die Miene verziehen, wenn man ihnen bittere Tropfen verabreicht. Weiterhin vermutet man, dass Menschen, die sensibler – also ablehnend – auf bittere Speisen reagieren, eine größere Vorliebe für Süßes haben als diejenigen, die keine große Bitteraversion haben. Dies würde wiederum erklären, warum manche Menschen es süßer mögen als andere.

Kinder lieben Süßes mehr als Erwachsene.

Dass gerade Kinder so gerne naschen, erklären Forscher mit dem erhöhten Energiebedarf in der Wachstumsphase. Zucker spendet hierfür schnell und viel Energie. Ist die Wachstumsphase beendet, nimmt die Vorliebe für Süßes ab, da keine biologische Notwendigkeit mehr vorhanden ist.

Herkunft und Hormone beeinflussen die Zuckergier.

Allerdings scheint die Süßpräferenz unterschiedlich ausgeprägt zu sein: Gemessen an uns Europäern mögen es Afroamerikaner süßer, während Pima-Indianer und Asiaten nicht so große Süßfreunde sind. Stadtbewohner verzehren anscheinend mehr Zucker als Menschen auf dem Land. Männer mögen es wohl süßer als Frauen. Frauen verwenden aber wiederum mehr Süßstoffe. Herkunft beziehungsweise ethnische Zugehörigkeit und die Hormone scheinen also enormen Einfluss auf das Verlangen nach Süßem zu haben. Grundsätzlich beeinflussen die Hormone bei Frauen das Süßempfinden. Forscher haben herausgefunden, dass Frauen, die eine stark dosierte Pille nehmen oder schwanger sind, eine weniger stark ausgeprägte Präferenz für Süßes haben. Außerdem nimmt vor und während der Menstruation die Sensibilität für Süßes zu.

So können Sie sich für die Geschmacksrichtung süß sensibilisieren:

- Rühren Sie in Ihren Naturjoghurt selbstgemachtes Fruchtpüree.
- Vermeiden Sie süße Getränke wie Wellnesswasser, Limonaden, gezuckerten beziehungsweise künstlich aromatisierten Kaffee.
- Meiden Sie Fertigprodukte und Fast Food.
- Nehmen Sie sich vor fettreduzierten Lebensmitteln in Acht. Diese enthalten meistens viel Zucker – als Geschmacksträger und Füllstoff.
- Naschen Sie weniger (oft) Süßes.

Zuckersüchtiges Gehirn.

Auch Regulationsstörungen hinsichtlich der Energieversorgung des Gehirns scheinen das Süßverlangen zu forcieren. Möglicherweise werden viele Übergewichtige dadurch unwillkürlich beeinflusst. Der Adipositasexperte Prof. Dr. Achim Peters spricht auch von der Selfish-Brain-Theorie: Weil das Gehirn egoistisch ist und als erstes mit Energie versorgt werden will, setzt es alle Hebel in Bewegung, um an schnell verfügbare Energie, also Zucker, zu kommen. Die Folge ist Süßhunger. Kommt der aufgenommene Zucker aufgrund der Störung nicht im Gehirn an, geht der Teufelskreis von vorne los und das Naschen geht weiter.

Naschkatze durch Erziehung, Gewohnheit und Macht der Lebensmittelindustrie.

Wer seine Kinder mit Süßigkeiten belohnt, erzieht sie nicht nur zu Naschkatzen, sondern fördert bei genetischer Veranlagung die Entstehung von Übergewicht. Die Lust auf Süßes kann aber schon allein durch ungünstige Essgewohnheiten verstärkt werden. So können Blutzuckerschwankungen aufgrund kohlenhydratreicher Ernährung das Verlangen nach Zucker verstärken.

Außerdem wird unsere Geschmackssensibilität dadurch beeinflusst, was wir ständig essen. Zucker wird mittlerweile vielen Nahrungsmitteln zugesetzt, zum Beispiel Joghurts, Fertigprodukten, Tiefkühlobst et cetera. Das hat zur Folge, dass wir immer intensiver süßen müssen, um eine Speise als süß schmeckend zu empfinden.

Den Heißhunger auf Süßes besiegen.

Wenn Sie sich schrittweise abgewöhnen, stark gesüßte Produkte zu essen, werden Sie den süßen Fruchtjoghurt aus dem Kühlregal bald verschmähen. Er wird Ihnen nicht mehr schmecken! Bereits nach wenigen Wochen Zuckerabstinenz verspüren Sie eine Veränderung Ihres Geschmacksempfindens für süß. Testen Sie dann mal wieder eine alte Lieblingssüßspeise. Möglicherweise werden Sie sich schütteln, weil diese zu intensiv zuckrig schmeckt.

Künstliche Süßstoffe, Stevia & Co.?

Wer Kohlenhydrate reduzieren will, greift automatisch auch zu Süßstoffen oder Zuckeraustauschstoffen. Das ist durchaus sinnvoll, wenn es darum geht, eine Ausschüttung des Masthormons Insulin zu vermeiden oder abzuschwächen. Dennoch sorgen alle Süßstoffe für einen süßen Geschmack, egal ob künstlich oder natürlich produziert. Dadurch verstärken sie, bei zu hohem Verzehr, genauso wie Zucker, unsere Vorliebe für Süßes. Deswegen sollten Sie auch Ihren Konsum von Light-Getränken und anderen Diätprodukten reduzieren, um sich für die Geschmacksrichtung süß zu sensibilisieren.

So können Sie süßen Gelüsten auch mit weniger Zucker entgegenwirken:

- ▶ Einmal am Tag eine kleine Portion Süßes schlemmen ist erlaubt. Am besten nach einer LOGIschen Mahlzeit.
- ▶ Nur zu bestimmten Zeiten naschen und nicht dauernd zwischendurch.
- ▶ Bewahren Sie möglichst wenige Süßigkeiten zu Hause oder im Büro auf. Dekorative Schalen oder Gläser mit Leckereien verleiten besonders zu übermäßigem Naschen.
- ▶ Trinken Sie aromatisierten Tee, zum Beispiel Rooibostee mit Vanillearoma
- ▶ Legen Sie nicht eine ganze Packung einer Süßigkeit auf den Tisch. Füllen Sie eine kleine Portion in ein Schälchen und verstauen Sie den Rest wieder im Schrank.
- ▶ Essen Sie alternativ einen Quark mit Fruchtmus oder ein Kokosbrötchen (Rezept in »Das neue große LOGI-Kochbuch«). Beide Alternativen befriedigen den Süßhunger und sättigen gleichzeitig.

Wie süß darf es bei LOGI sein?

Unser besonderes Anliegen ist es, den Zuckeranteil in süßen Gerichten nicht ausnahmslos durch künstliche Süßstoffe oder Stevia zu ersetzen. Vielmehr ist es unser Ziel, die Süße insgesamt zu reduzieren, um den Geschmackssinn für Süßes zu trainieren und ihn wieder sensibler für diese Geschmacksrichtung zu machen. In diesem Buch haben wir im Durchschnitt maximal einen Teelöffel Zucker, Vanillezucker oder Honig pro Portion verwendet. Im einen oder anderen Rezept verarbeiten oder verweisen wir als Alternative auch auf Süßstoff oder das Naturprodukt Stevia. Wem unsere Backwaren und Desserts nicht süß genug schmecken, kann – mithilfe der Umrechnungstabelle auf Seite 23 – dem Dessert mehr kohlenhydratfreie Süße verleihen.

Die Kohlenhydratdichte der LOGI-Süßspeisen.

Für jedes Rezept geben wir die Kohlenhydratdichte an, also die Kohlenhydratmenge, bezogen auf 100 Gramm der Süßspeise oder Backware. 83 Prozent unserer Desserts liefern im Durchschnitt eine niedrige Kohlenhydratdichte von weniger als 12 Gramm Kohlenhydrate auf 100 Gramm. Das entspricht gerade mal dem Kohlenhydratgehalt eines kleinen Apfels. In 17 Prozent der Rezepte liegt eine mittlere Kohlenhydratdichte vor, mit 13 bis 25 Gramm Kohlenhydrate pro 100 Gramm. Das entspricht ein bis zwei Nektarinen.

Unsere Klassifizierung der Kohlenhydratdichte.

- niedrige Kohlenhydratdichte: ≤ 12 Gramm Kohlenhydrate pro 100 Gramm
- mittlere Kohlenhydratdichte: 12,1 bis 25 Gramm Kohlenhydrate pro 100 Gramm
- hohe Kohlenhydratdichte: > 25 Gramm Kohlenhydrate pro 100 Gramm

Übersicht zur Kohlenhydratdichte von Lebensmitteln:

Nahrungsmittel	Kohlenhydratgehalt in Gramm pro 100 Gramm
Zucker	100
Gummibärchen, Lakritze	77 bis 86
Marmelade, Honig, Schokoladencreme	71 bis 75
Knäckebrot	70
Kuchen, Kekse, Plätzchen	50 bis 65
Schokolade	43 bis 65
Brot, Brötchen	38 bis 51
Nudeln (gekocht)	30
Reis, Mais, Hirse (gekocht)	20 bis 25
Kartoffeln	14
Obst – zuckerreich Banane, Mango, Ananas, Weintrauben, Kirschen u. a.	13 bis 20
gezuckerte Milchprodukte	13 bis 18
Hülsenfrüchte, gegart (Linsen, Bohnen, Erbsen, Sojabohnen, Kichererbsen)	3 bis 16
Obst – zuckerarm Zitrusfrüchte, Apfel, Birne, Beerenobst, Melone, Papaya, Kiwi u. a.	2 bis 10
Gemüse, Salat und Pilze	1 bis 7
Milch, Joghurt, Quark und Kokosmilch (ungezuckert)	2 bis 5
Frischkäse, Sahne, saure Sahne, Käse	<1
Nüsse, Kerne, Kokosraspeln	<1
Fleisch und Wurst, Fisch und Meerestiere, Ei	0
Fette und Öle	0

Quelle: Bundeslebensmittelschlüssel

Süßen ohne Zucker mit Süßstoff & Co.

Süßstoffe sind entweder künstlich hergestellte oder natürliche Zuckerersatzstoffe, die eine bis zu 10.000-fach höhere Süßkraft als der übliche Haushaltszucker haben. Bis auf Aspartam und Thaumatin sind alle Süßstoffe kalorienfrei und damit natürlich auch kohlenhydratfrei. Aspartam und Thaumatin liefern zwar knapp 4 Kilokalorien pro Gramm, durch ihre hohe Süßkraft sind diese jedoch zu vernachlässigen, da nur geringste Mengen nötig sind.

In diesem Kapitel erhalten Sie einen Überblick über die gängigsten alternativen Süßungsmittel. Wir haben natürliche und künstliche Süßstoffe sowie Zuckeraustauschstoffe genauer unter die Lupe genommen und für Sie eine Bewertung hinsichtlich ihrer Sicherheit für die Gesundheit, Süßkraft im Vergleich zu Zucker, Dosierung und Verwendung vorgenommen.

Süßstoffe – wie sicher ist die künstliche Süße?

Kaugummis, Getränke, Milchprodukte, Fertiggerichte und vieles mehr – der künstliche Zucker versüßt mittlerweile Tausende von Produkten. Und was eine solche Präsenz in unseren Nahrungsmitteln genießt, wird natürlich auch regelmäßig mit Negativschlagzeilen bedacht. Warnmeldungen wie »Süßstoffe sind krebserregend« oder »Süßstoffe machen dick« schmücken immer wieder die Verbraucherzeitschriften. Wie gefährlich ist die künstliche Süße wirklich?

Krebserregende Wirkung am Menschen nicht bestätigt!

Angefangen hat alles in den 1960er-Jahren, als der Süßstoff Cyclamat bei Mäusen vermehrt zu Blasenkrebs führte. Experten zweifelten aber schnell an der durchgeführten Studie, da utopisch hohe Dosen des Süßstoffs verwendet wurden. Für Menschen konnte die krebserregende Wirkung von Süßstoffen bis heute nicht bestätigt werden. Besonders hart trifft es immer wieder das Aspartam, zuletzt 2008. Es soll die Entstehung von Hirntumoren sowie Migräne und Depressionen fördern. Es gibt zwar vereinzelt Hinweise, dass Menschen, die empfindlich auf Aspartam reagieren, bei höherem Verzehr dieses Süßstoffs Kopfschmerzen bekommen. Sie stellen jedoch eine Minderheit dar. Für sie ist es ratsam, Aspartam zu meiden. Ebenso vermeiden sollten es Menschen mit Phenylketonurie, einer Stoffwechselerkrankung, bei der die Betroffenen die in Aspartam enthaltene Aminosäure Phenylalanin nicht abbauen können. Ansonsten konnte in aktuellen Studien die krebserregende Wirkung von Aspartam nicht bestätigt werden. Somit werden die künstlichen Süßmacher vom Bundesinstitut für Risikobewertung im Rahmen der maximal empfohlenen Menge (ADI-Wert = Acceptable Daily Intake) als sicher eingestuft. Der ADI-Wert ist definiert als die Menge (Milligramm pro Kilogramm Körpergewicht), die täglich lebenslang aufgenommen werden kann, ohne dass unerwünschte Wirkungen zu erwarten sind.

Je »lighter«, desto dicker?

Befürworter der »Je-lighter-desto-dicker«-These sehen einen engen Zusammenhang zwischen der steigenden Anzahl von Übergewichtigen und der Einführung von Lightprodukten. Ebenso könnte man aber sagen, dass der Energieverbrauch durch die hightechbedingte Sesshaftigkeit seit der Einführung von Lightprodukten gesunken ist. Wer ist also schuld am Übergewicht? Der Computer oder die Süßstoffe? In den 1980er-Jahren gerieten Süßstoffe in diesem Zusammenhang erstmals ins Visier. Wissenschaftler entdeckten im Rahmen einer Studie, dass Testpersonen, die mit Süßstoff angereichertes Wasser tranken, schneller über Hungergefühle klagten als die reinen Wassertrinker. Die Forscher erklärten sich den Hunger machenden Effekt so, dass der Körper bereits auf das Geschmackssignal süß reflexartig Insulin ausschüttet. Obwohl dem Süßsignal bei Aufnahme von Süßstoff kein Zucker folgt, würde der Blutzucker gesenkt. Und zwar so stark, dass wiederum Heißhunger entsteht. Diese These konnte jedoch widerlegt werden. Wir wissen aus diversen Studien, dass Süßstoffe keine nennenswerte Insulinreaktion hervorrufen. Damit machen sie weder hungrig noch dick und sind vor allem für Diabetiker eine gute alternative Süßungsquelle.

2008 kam es dann wieder zu einem großen Aufsehen an der Süßstofffront. In einer Studie nahmen Ratten, die mit Süßstoff gesüßten Joghurt fraßen, mehr Gewicht zu als ihre Artgenossen, die eine zuckerhaltige Testmahlzeit futterten. Die Wissenschaftler kamen daraufhin zu der Schlussfolgerung, dass der Körper diesen Kalorienbetrug durch Drosselung des Energieverbrauchs auszugleichen versucht. Damit können Fettpolster geschont und sogar aufgebaut werden. Experten zweifeln jedoch an der Übertragbarkeit dieses Rattenmodells auf den Menschen.

Nicht selten wird zur Untermauerung der Dickmacherthese angeführt, dass Schweine mit Süßstoffen gemästet werden. Und was beim Schwein funktioniere, müsse auch beim Menschen funktionieren. Ferkeln und nicht ausgewachsenen Tieren werden in der Tat Süßstoffe ins Futter gemischt. Laut Futtermittelverordnung dürfen Süßstoffe nur in den ersten vier Monaten eingesetzt werden, mit dem Ziel, die Ferkel einfacher von der süßlich schmeckenden Muttermilch auf Festfutter umzustellen. Das Futter soll dadurch schmackhafter gemacht werden. In der Mast selbst werden sie nicht eingesetzt, so die Aussagen vom Institut für Tierernährung.

Fazit: Es gibt keinen Grund, künstliche Süßstoffe pauschal zu verteufeln. Richtig eingesetzt können sie durchaus nützlich sein. Laut aktueller Datenlage machen Süßstoffe zwar nicht hungrig, aber genauso wenig satt. Sie sollten auch nicht als Schlankmittel verstanden werden. Vielmehr helfen sie, die Energiezufuhr in Grenzen zu halten oder gar einen Energieüberschuss zu vermeiden. Vor allem erleichtern sie es, in Süßspeisen Kohlenhydrate einzusparen. Süßstoffe machen erst dick, wenn sie zum Alibi werden. Wer also abends Cola light trinkt und die eingesparte Energiezufuhr über die Tüte Chips wieder einfährt, braucht sich auch nicht über das zunehmende Hüftgold zu wundern.

Folgende Süßstoffe sind in der EU zugelassen:

Name des Süßstoffs	Relative Süßkraft im Vergleich zu Haushaltszucker	Verhalten beim Backen und Kochen
Acesulfam	130–200	zum Kochen und Backen geeignet
Aspartam	200	zum Kochen und Backen nicht geeignet
Aspartam-Acesulfam-Salz	350	zum Kochen und Backen geeignet
Cyclamat	30–50	zum Kochen und Backen geeignet
Saccharin	300–500	zum Kochen und Backen geeignet
Sucralose	600	zum Backen, Kochen und Süßen von Getränken geeignet
Neohesperidin	400–600	zum Backen, Kochen und Süßen von Getränken geeignet
Neotam (Süßstoff und Geschmacksverstärker)	10.000–13.000	für kalte Speisen und Getränke, nicht sehr hitzestabil*
Thaumatin (natürlicher Süßstoff und Geschmacksverstärker)	2.000–3.000	für kalte Speisen und Getränke, verliert beim Kochen Süßkraft*

*Hinweis: Einige Süßstoffe verlieren beim Garen oder Backen bei hohen Temperaturen an Süßkraft, weswegen sie eher für die Zubereitung nicht erhitzter Speisen und Getränke empfohlen werden. Die meisten Süßstoffe vertragen aber problemlos Temperaturen bis 180 °C bzw. 200 °C.

Um einen besseren Süßgeschmack zu erzielen, werden Süßstoffe meistens kombiniert. Dosieren Sie Süßstoffe immer vorsichtig, da bei Überdosierung ein bitterer oder metallischer Nachgeschmack entstehen kann.

In welcher Form werden Süßstoffe angeboten?

Tabletten:

In Deutschland erhältliche Süßstofftabletten enthalten Saccharin und Cyclamat. Meistens ist noch ein weiterer Süßstoff wie Thaumatin oder Acesulfam zugesetzt. Süßstofftabletten sind zum Süßen heißer Getränke geeignet.

- **Dosierung:** 1 Tablette entspricht 1 TL Zucker.

Flüssigsüße:

Flüssigsüße enthält sorgsam kombiniert mehrere Süßstoffarten wie Saccharin, Cyclamat, Acesulfam und Thaumatin. Manchmal sogar geringe Mengen des Zuckeraustauschstoffs Fructose. Flüssigsüße ist zum Süßen heißer wie auch kalter Speisen und Getränke geeignet. Da sie hitzestabil ist, ist sie auch zum Backen geeignet.

- **Dosierung:** 8 Tropfen Flüssigsüße entsprechen 1 TL Zucker.
  25 Tropfen Flüssigsüße entsprechen 1 EL Zucker.

Streusüße:

Streusüße wird oft Maltodextrin oder Fruchtzucker zugesetzt. Daher ist sie meist nicht kalorienfrei, sondern enthält Kohlenhydrate in geringer Menge. Als weitere Süßstoffkomponenten enthält sie meist Saccharin und Cyclamat.

Streusüße ist zum Süßen von Obstsalaten, Desserts und Getränken sowie zum Kochen und Backen geeignet.

- **Dosierung:** 1 TL Streusüße entspricht 1 TL Zucker.
- **Unsere Empfehlung:** Verzichten Sie auf die Nutzung von Streusüße mit Fruchtzucker.

Zuckeraustauschstoffe.

Von den kalorienfreien Süßstoffen zu unterscheiden sind die Zuckeraustauschstoffe. Hierbei handelt es sich um süß schmeckende Zuckeralkohole wie Xylit, Isomaltit, Sorbit und – relativ neu – das Erythritol.

Zuckeralkohole liefern nur halb so viel Energie wie Zucker, allerdings ist ihre Süßkraft auch etwas geringer. Wie auch Süßstoffe werden Zuckeraustauschstoffe insulinunabhängig verstoffwechselt. Bis auf Erythritol wirken Zuckeralkohole in höheren Mengen abführend. Davon abgesehen sind sie aus gesundheitlicher Sicht unbedenklich.

Erythritol wird seit 2008 auch als Sukrin im Einzelhandel angeboten. Es handelt sich um einen natürlichen Zuckeraustauschstoff, der zum Beispiel in Birnen, Melonen und Pilzen vorkommt. Gegenüber anderen Zuckeraustauschstoffen hat er einige Vorteile: Er ist kalorienfrei. Und damit ist er zum Abnehmen besser geeignet als andere Zuckeraustauschstoffe. Er hat eine zuckerähnliche Konsistenz. Er schmeckt wie Zucker. Auch das Volumen entspricht dem von Haushaltszucker, wodurch er sich prima zum Backen eignet. Da Sukrin im Dünndarm resorbiert wird, hat er auch keine oder kaum abführende Wirkung. Wer also künstlichen Süßstoffen skeptisch gegenübersteht, kann zum Backen und auch zum Süßen von Desserts besser Sukrin verwenden.

Einziger Wermutstropfen ist der stolze Preis von Sukrin. Eine 500-Gramm-Packung kostet etwa 8 Euro. Da Sukrin nur 75 Prozent der Süßkraft von Zucker erreicht, kann das eine oder andere Rezept bei Verwendung von Sukrin zum teuren Backspaß werden.

- **Dosierung:** 1 TL Sukrin ersetzt ½ bis 1 schwach gehäuften TL Haushaltszucker.

Unser Umgang mit Süßstoffen in diesem Buch.

Auch wenn wir mit Süßstoffen und Zuckeraustauschstoffen nicht auf Kriegsfuß stehen, heißt es nicht automatisch, dass wir uns für den bedingungslosen Austausch von Zucker durch Süßstoff aussprechen. Wie bereits beschrieben, empfehlen wir zunächst eine Sensibilisierung für die Geschmacksrichtung süß. Dies ist ein erster wichtiger Schritt, um den Zucker- und Süßstoffverbrauch insgesamt zu reduzieren.

Stevia – sündhaft süß und kohlenhydratfrei.

Stevia rebaudiana Bertoni, auch Honig- oder Süßkraut genannt, ist eine zuckersüße Pflanze, die ihre Wurzeln im südamerikanischen Paraguay hat. Seit Jahrhunderten wird Stevia dort von der Urbevölkerung, wie den Guaraní-Indianern, als Medizin und zum Süßen von Matetee verwendet. Die Stevia-Blätter verdanken ihren süßlichen Geschmack den darin enthaltenen Steviol-Glykosiden, nämlich Steviosid und Rebaudiosid A. Stevia-Blätter haben eine bis zu 30-fach, Stevia-Extrakte sogar eine bis 300-fach höhere Süßkraft als Zucker. Und das kalorien- und kohlenhydratfrei!

Süßes Wunderkraut mit gesundheitlichem Nutzen?

Schon die alten Indianer wussten um den gesundheitlichen Nutzen von Stevia. Heutzutage untermauern Wissenschaftler die positiven Wirkungen der Wunderpflanze auf die Gesundheit. In einigen, wenn auch nicht in allen Studien konnte mehrfach ein blutzuckersenkender Effekt von Steviosid gezeigt werden. Allerdings nur bei höherer Dosierung. Interessant hierbei ist, dass dieser Effekt wahrscheinlich nur bei Menschen mit erhöhten Blutzuckerwerten eintritt. Dagegen ist bei Stoffwechselgesunden kein Effekt auf den Blutzucker zu beobachten. Die Gefahr einer zu starken Blutzuckersenkung und einer damit verbundenen Entstehung von Heißhunger würde damit ausgeschlossen. Da Stevia kalorien- und auch kohlenhydratfrei ist und nicht appetitanregend wirkt, könnte das Süßungsmittel sich durchaus als förderlich bei der Gewichtsabnahme erweisen. Mit der blutdrucksenkenden Wirkung des Krauts verhält es sich ähnlich wie bei der Blutzuckersenkung. Während bei stoffwechselgesunden Menschen kein Effekt zu beobachten ist, scheinen Bluthochdruckpatienten von der Wirkung zu profitieren. Allerdings bedarf es noch weiterer Studien, um diese Wirkungen zu beweisen. Befürchtete negative Effekte konnten bisher nicht nachgewiesen werden.

Noch ohne Zulassung in Deutschland.

In Japan ist der natürliche Süßstoff schon seit den 1970er-Jahren zugelassen und bestimmt dort mittlerweile 40 Prozent des Süßstoffmarktes. Auch in Ländern wie Brasilien, Neuseeland und Australien ist Stevia als Zuckerersatzstoff, in den USA als Nahrungsergänzung zugelassen. Als erstes europäisches Land hat die Schweiz 2008 das Süßkraut zugelassen. Frankreich folgte 2009 mit einer vorläufigen Genehmigung für zwei Jahre. Die für die Zulassung für den deutschen Markt zuständigen Behörden zögerten länger, obwohl viele Studien die Unbedenklichkeit von Stevia-Extrakten dokumentiert haben und es daraufhin seit 2008 sogar von der Weltgesundheitsorganisation (WHO) als sicher eingestuft wurde, sofern die maximal empfohlene Verzehrmenge nicht überschritten wird. Doch es tut sich etwas: Voraussichtlich 2011 wird Stevia auch hierzulande als Süßungsmittel zugelassen.

Stevia hat es nicht leicht, aber man hätte es leichter mit Stevia.

In vielen südamerikanischen Ländern wird Stevia schon seit einem halben Jahrtausend zum Süßen verwendet. In Japan auch schon seit über 30 Jahren. Solche Langzeiterfahrungen mit dem natürlichen Süßstoff zeigen, dass der Verzehr von Stevia nebenwirkungsfrei ist, so lange er im Rahmen der Empfehlungen dosiert wird. Diese Erfahrungen haben streng wissenschaftlich betrachtet keine Aussagekraft. Erst die Testung im Labor mit Mäusen, Ratten, Hamstern und Menschen soll die nötige Beweiskraft liefern. Oft liest man Warnungen, dass Stevia die Fruchtbarkeit der Männer negativ beeinflusse. Man erzählt, dass indigene Völker in Paraguay bereits um diese Wirkung des Süßkrauts wussten und dass sie es deshalb als natürliches Verhütungsmittel nutzten. Dieser Zusammenhang konnte bisher nur an Ratten, die utopisch hohe Dosen des Stevia-Extraktes erhielten, nachgewiesen werden. Für den Menschen ist die Aufnahme derartiger Megadosen unrealistisch. Außerdem konnte diese Wirkung bei normaler Verzehrmenge des Stevia-Extrakts nicht bestätigt werden. Wir wissen nicht, warum sich die Zulassung verzögert. Aber in Expertenkreisen wird gemunkelt, dass der beschwerliche Weg zur Zulassung eher politischer sowie marktwirtschaftlicher Natur ist und weniger auf mangelnde wissenschaftliche Beweislage zurückzuführen ist.

Kommt Zeit, kommt Stevia.

Experten und Stevia-Hersteller rechnen mit der Zulassung in Deutschland frühestens 2011. Die Grundsteine hierfür sind von der europäischen Behörde für Lebensmittelsicherheit (European Food Safety Authority – EFSA) im April 2010 gelegt worden. Sie kommen in ihrem über 80-seitigen Gutachten zu dem Ergebnis, dass der Süßstoff Steviol-Glykosid weder krebserregend, noch genotoxisch ist, noch die Fruchtbarkeit des Mannes beeinträchtigt. Sie legen den unbedenklichen Höchstwert auf 4 Milligramm Stevia-Extrakt pro Kilogramm Körpergewicht am Tag fest. Die Unbedenklichkeit gilt für Stevia-Süßstoffe mit einem Reinheitsgrad von mehr als 95 Prozent. Damit ebnet das EFSA-Gutachten den Weg für die EU-Zulassung von Stevia.

Augen auf beim Stevia-Kauf.

Zum Strecken von Stevia-Extrakten wird immer häufiger eine kalorienhaltige Trägersubstanz unter das weiße Pulver gemischt. Hersteller greifen hierbei gerne zu Fructose, Traubenzucker oder Maltodextrin. Deren Anteil kann sogar bis zu 30 Prozent betragen. Dieses Verfahren geht nicht nur zulasten des Geldbeutels, sondern auch auf Kosten der Menschen mit Fructosemalabsorption. Weiterhin wird auch gerne der kalorienfreie Zuckeralkohol Erythritol zum Strecken von Stevia-Extrakten verwendet. Dieser ist auch Bestandteil des Zuckeraustauschstoffes Sukrin.

Stevia ist »in« – auch in Deutschland!

Wenn man den Süßstoff Stevia in eine Internet-Suchmaschine eingibt, findet man ungefähr 250.000 Seiten allein aus Deutschland zu diesem Thema. Für den Süßstoff Saccharin sind es gerade mal 58.600 Seiten. Das zeigt, auf welches große Interesse dieses Wunderkraut hierzulande stößt. Allerdings findet der Verkauf von Stevia in Deutschland in einer rechtlichen Grauzone statt. Um das Lebensmittelrecht der EU zu umgehen, findet man Stevia in Apotheken oder im Internet als Badezusatz, Kosmetika oder als Zahnpflegemittel. Das Inverkehrbringen als Lebensmittel oder Lebensmittelzusatz ist untersagt.

Aber Vorsicht, Stevia ist nicht gleich Stevia: Nicht alle auf dem deutschen Markt als Badezusatz angebotenen Stevia-Produkte sind von guter Qualität. Im Gegenteil: Da Hygienemittel nicht der Lebensmittelkontrolle unterliegen, ist damit zu rechnen, dass die Qualität, also die Reinheit, nicht immer astrein ist. Das kann sich durchaus auch im Geschmack widerspiegeln.

Backen und Süßen mit Stevia.

Stevia eignet sich aufgrund der Hitze- und pH-Stabilität wunderbar zum Backen und Süßen von Cremespeisen auf Milchbasis. Damit ist Stevia ein guter Zuckerersatz in der LOGIschen Backstube.

Doch das richtige Stevia-Produkt dafür zu finden, fällt nicht leicht. Denn das Angebot der auf Stevia-Basis hergestellten Produkte ist schier unübersichtlich. Um ein wenig Licht in den Stevia-Produktdschungel zu bringen, widmen wir den folgenden Abschnitt den verschiedenen Angebotsformen von Stevia und ihren Dosierungen. Unsere Dosierungswerte sind jedoch nur Schätzmengen und Erfahrungswerte. Einheitliche Umrechnungstabellen gibt es nicht.

Stevia-Blätter:

Sie werden getrocknet als ganze Blätter, geschnitten oder gemahlen angeboten.

- **Dosierung:** 1 Blatt ersetzt 1 Stück Würfelzucker. 100 g getrocknete Stevia-Blätter ersetzen je nach Steviol-Glykosid-Anteil bis zu 4,5 kg Zucker.
- **Anwendung:** Warmen Getränken, aber auch Backwaren, können Stevia-Blätter eine besonders süße Note verleihen.

Grünes und weißes Stevia-Pulver:

Das grüne Pulver wird aus getrockneten Stevia-Blättern gewonnen. Es handelt sich also um ein Blattmehl mit kräuterähnlichem Geschmack und einer Süßkraft, die bis zu 30-mal höher ist als die des Haushaltszuckers. Es enthält zirka zehn Prozent des süß schmeckenden Steviosid und zirka drei Prozent des noch süßeren Rebaudiosid A.

Weißes Pulver besteht aus Glykosiden, die aus den Stevia-Blättern extrahiert wurden. Es enthält dadurch den sehr hohen Anteil süß schmeckender Steviol-Glykoside von mindestens 95 Prozent. Entsprechend ist die Süßkraft von weißem Pulver auch wesentlich größer als die des grünen Pulvers. Gutes weißes Stevia-Pulver zeichnet sich durch einen hohen Reinheitsgrad aus. Je höher dieser ist (mindestens 95 Prozent), desto besser der Geschmack. Der bittere Nachgeschmack ist außerdem geringer, je höher der Anteil (mindestens 60 Prozent) des sehr süßen Rebaudiosid A ist. Moderne Verfahren, wie die enzymatische Veredelung von Steviol-Glykosiden, können den bitteren Nachgeschmack fast komplett wegzaubern und ein dem Zuckergeschmack sehr ähnliches Pulver ermöglichen. Solche Produkte werden mit dem Vermerk »bitterfrei« verkauft.

- **Dosierung:** 1 g = ½ TL grünes Stevia-Pulver süßt wie 40–50 g Zucker.
  1 g = ½ TL weißes Stevia-Pulver süßt wie 200–250 g Zucker.
- **Verwendung:** Stevia-Pulver, vor allem das weiße, eignet sich zum Backen und Süßen von Cremespeisen. Tipp: Lösen Sie das Pulver in etwas Wasser auf, damit es sich im Kuchen oder Dessert gut verteilt. Grünes Stevia-Pulver färbt die Speisen grünlich und ist auch wegen seines intensiveren Kräutergeschmacks weniger gut zum Backen geeignet als vielmehr zum Süßen von zum Beispiel Tees.
- **Preis:** Je nach Zusammensetzung und Hersteller zwischen 3 und 8 Euro für 100 g grünes Pulver und zwischen 10 und 100 Euro für 100 g weißes Pulver.
- **Einkaufstipp:** Achten Sie bei weißem Pulver darauf, dass mindestens 95 % Steviol-Glykoside enthalten sind und dass der Rebaudiosid-A-Anteil mindestens 60 % beträgt. Vermeiden Sie Produkte, die Füll- beziehungsweise Streckmittel enthalten.

Stevia-Tabs:

Stevia-Tabs sind, wie das weiße Pulver, durch Extrahieren gewonnene Steviol-Glykosid-Extrakte.

- **Dosierung:** 1 Tab ersetzt 1 Stück Würfelzucker.
- **Verwendung:** Zum Süßen von warmen Getränken und außerdem praktisch für unterwegs.
- **Preis:** 300 Stück kosten zwischen 7 und 9 Euro.

Flüssig-Stevia:

Bei den flüssigen Stevia-Produkten muss zwischen Stevia Dulce und Stevia Fluid unterschieden werden. Dulce ist eine aus Stevia-Blättern hergestellte, nicht-raffinierte Flüssigsüße. Sie enthält noch einen Großteil der ätherischen Öle und sekundären Pflanzenstoffe, ist deshalb grünlich und hat einen intensiven, oft gewöhnungsbedürftigen, kräuterähnlichen Geschmack.

Stevia Fluid ist raffiniert und konzentrierter. Es ist sozusagen die flüssige Form des weißen Pulverextrakts. Das Fluid hat eine deutlich höhere Süßkraft als das Dulce. Doch auch Stevia Fluid kann zum Verdünnen Streckmittel enthalten.

- **Dosierung:** 4–5 Tropfen Stevia Dulce ersetzen 1 TL Zucker.
  1 Tropfen Stevia Fluid entspricht 1 TL Zucker und 1 TL ersetzt etwa 200 g Zucker.
- **Verwendung:** Stevia Dulce ist aufgrund ihres intensiven Pflanzengeschmacks weniger zum Backen und Süßen von Desserts geeignet. Empfehlung: zum Süßen und Abrunden des Teearomas. Stevia Fluid ist zum Backen und für Cremespeisen geeignet.
- **Preis:** 100 ml Stevia Dulce kosten zwischen 3 und 7 Euro und 100 ml Stevia Fluid zwischen 4 und 25 Euro.

Viel hilft nicht viel!

Grundsätzlich gilt für Stevia, dass die richtige Dosierung entscheidend ist. Viel hilft eben nicht immer viel! Wer überdosiert, muss mit einem bitteren Nachgeschmack rechnen.

Umrechnungstabelle Zuckerersatzstoffe auf einen Blick

Alternatives Süßungsmittel ...	... ersetzt diese Menge Zucker
1 TL Flüssigsüße	4 EL Zucker
1 Süßstofftablette	1 TL Zucker
1 TL Streusüße (ohne Fruchtzucker)	1 TL Zucker
1 Stevia-Blatt	1 Stück Würfelzucker
1 g = ½ TL grünes Stevia-Pulver	40–50 g Zucker
1 g = ½ TL weißes Stevia-Pulver	200–250 g Zucker
1 Stevia-Tab	1 Stück Würfelzucker
4–5 Tropfen Stevia Dulce	1 TL Zucker
1 Tropfen Stevia Fluid	1 TL Zucker
1 TL Stevia Fluid	etwa 200 g Zucker
1 TL Sukrin	½ bis 1 schwach gehäufter TL Zucker
1 TL Xylit	1 TL Zucker

Weniger Zucker, mehr Geschmack: Das große LOGI-Aromalexikon.

LOGIsches Backen bedeutet natürlich auch weniger Süße. Das heißt aber nicht gleichzeitig weniger Geschmack für das süße Finale. Dank der richtigen Zutaten wie Gewürze, Kräuter, Nüsse, Früchte und Liköre erhalten unsere Süßspeisen auch mit weniger Zucker eine geschmackvolle Note.

Wir möchten Ihnen an dieser Stelle die wichtigsten LOGIschen Aromastoffe von **A bis Z** vorstellen.

Alkohol – für edlen Geschmack mit Schwips.

Ob Sekt, Wein oder Likör: Alkohol veredelt eine Süßspeise. Was wäre ein Tiramisu ohne Amaretto oder eine Zabaione ohne Marsala? Neben einer Geschmacksnuance verleiht Alkohol dem Dessert eine gewisse Süße, wodurch der Zuckeranteil reduziert werden kann. Hier seien insbesondere Liköre wie Kaffee-, Kokos- oder Nusslikör erwähnt. Zwar liefern diese mindestens 100 Gramm Zucker auf einem Liter. Dies ist jedoch bei den verwendeten Mengen zu vernachlässigen. Alkohol macht Sorbets, Parfaits und Eiscremes außerdem geschmeidiger. Das liegt daran, dass er den Gefrierpunkt der einzufrierenden Speise herabsetzt. Die kann dadurch nicht so schnell gefrieren, wird nicht so hart und erhält somit eine cremige Konsistenz. Beschwipste Früchte brauchen keinen Zucker. Alkohol holt nämlich das volle Aroma aus ihnen heraus. Kirschen schmecken zum Beispiel intensiver, wenn sie mit Kirschwasser beträufelt werden.

Backaromen – die Geschmackimitatoren.

Backaroma ist ein industriell hergestelltes Gemisch aus natürlichen, naturidentischen oder künstlichen Aromastoffen. Als Lösung wird Wasser, Propylenglykol oder Öl verwendet. Aromen imitieren den Geruch und Geschmack bestimmter Zutaten wie Rum, Bittermandeln, Vanille oder Zitronenabrieb. Wenige Tropfen reichen aus, um Nachtische wie Kuchen, Cremes oder Torten die gewünschte Geschmacksnuance zu verleihen. Und wie sieht es mit Alkohol im Rumaroma aus? Laut Aussage einiger von uns angefragter großer Hersteller für Backaromen ist Rumaroma alkoholfrei.

DAS GROSSE
LOGI-AROMALEXIKON.

Chilischoten – heizen Ihr Dessert richtig an!

Scharfe Süßspeisen? Klingt paradox, ist aber lecker. Immer häufiger finden sich Kombinationen à la Chilischokolade im Süßwarenregal. Wer mehrere Geschmacksrichtungen vereint, lenkt den Fokus vom Süßen ab. Ein bisschen mehr Schärfe braucht also auch weniger Süße. Kosten Sie doch einfach mal unsere marinierten Chilierdbeeren auf Seite 124. Bei Chilischoten gilt: Nicht die Farbe macht die Schärfe, sondern die Größe. Je kleiner die Schote, desto schärfer. Und so richtig scharf wird es innerhalb der Schote – wem die Schärfe zu sehr »brennt«, der sollte die Samen aus der Schote herauskratzen.

Frische Früchtchen für eine natürliche Süße.

Früchte sind die Basis vieler Rezepte. Sie verleihen dem Dessert oder dem Kuchen eine natürliche Süße, egal ob als Mus im Kuchenteig oder in der Cremespeise, dünn geschnitten als Carpaccio oder gewürfelt als Ragout. Erwärmte Früchte werden sogar noch süßer, weil die Fruchtsäure durch den Erhitzungsprozess abgebaut wird. Deswegen brauchen die heißen Früchtchen auch weniger Extrasüße.

Gewürznelken & Co. – pfeffrige Blume.

Gewürznelken sind getrocknete Blütenknospen. Ihr hoher Anteil an ätherischen Ölen (15 Prozent) ist verantwortlich für den intensiven aromatischen Duft und den pfeffrig-würzigen Geschmack, der noch einen Hauch von Süße aufweist. Gewürznelken werden ganz oder gemahlen verwendet. Die Knospen haben einen intensiveren Geschmack. Sie verleihen zur Weihnachtszeit Plätzchen, Glühwein, Gewürzkuchen sowie Lebkuchen die typische Note. Lust auf Gewürznelken? Erfreuen Sie sich an beschwipsten Rotweinbirnen mit Zimtsahne (Seite 122) oder kalter Pflaumensuppe mit Eiweißnocken (Seite 131) oder Gewürzkuchen (Seite 176).

Tipp: Dosieren Sie gemahlene Gewürznelken sehr vorsichtig, um ein Überwürzen zu vermeiden.

Weitere hocharomatische Gewürze sind Sternanis, Piment, Muskatnuss und Kardamom. Sie zählen ebenfalls zu den typischen Weihnachtsgewürzen und sind auch als Gewürzmischungen erhältlich.

Ingwer – Wunderknolle mit Feuer!

Ingwer ist eine Wunderknolle aus dem südasiatischen Raum. Sie ist nicht nur super gesund, sondern auch noch unglaublich spannend im Geschmack. Frischer Ingwer strotzt nur so vor ätherischen Ölen. Diese verleihen ihm sein unverwechselbares Aroma. Er schmeckt zitronig-würzig und hat aufgrund seiner Scharfstoffe, wie Gingerol, eine leicht brennende Schärfe. In der asiatischen Küche ist Ingwer fester Bestandteil. Aber auch aus der Backstube ist er nicht mehr wegzudenken. Frisch geriebener Ingwer passt gut zu Birnen, Äpfeln, Orangen, Aprikosen, aber auch zu Cremespeisen. Er harmoniert auch gut mit anderen Gewürzen wie Chili, Zimt, Vanille oder weihnachtlichen Würzmitteln. Ingwerpulver eignet sich vor allem zum Backen. Probieren Sie doch einfach mal Birnen mit Ingwer-Calvados-Schaum (Seite 117) oder Möhren-Apfel-Kuchen mit Ingwer (Seite 171).

Kakao – edel und bitter.

Dunkles Kakaopulver enthält je nach Entölungsgrad zwischen 12 und 25 Gramm Fett und 10 bis 14 Gramm Kohlenhydrate. Der Kakaoanteil beträgt 99 Prozent. Er verleiht Cremespeisen und Backwaren nicht nur eine schöne, tief dunkelbraune Farbe, sondern zudem ein intensives Schokoladen-Aroma. Gemischt mit Milch, Sahne oder Nussmus verringert sich die Bitterkeit des Kakaos. Geeignet ist dunkles Kakaopulver in der LOGIschen Küche für Schokoladensoufflé (Seite 42), Marmorkuchen (Seite 170) oder Mousse au Chocolat (Seite 84).

Kaffee – nicht nur als Getränk ein Genuss.

Kaffee ist der Deutschen Lieblingsgetränk. Kein Wunder, dass Kaffeebars mittlerweile wie Pilze aus dem Boden schießen. Ob Latte Macchiato, Cappuccino oder Espresso – es gibt alles, was der Gaumen begehrt. Und echte Kaffeejunkies dürfen sich auch auf LOGI-Süßspeisen mit der edlen Bohne freuen. Ob frisch gebrüht oder als Instantpulver, Kaffee verleiht den Süßspeisen den besonderen Touch. Der intensive Geschmack und das verführerische Aroma des Kaffees lässt den Zucker in einer Süßspeise einfach erblassen. Das ist auch gut so, denn dann benötigt sie weniger davon. Kaffeegenießer aufgepasst, eine Rubrik in diesem Backbuch haben wir nur Ihnen gewidmet. Süßspeisen mit Kaffee finden Sie ab Seite 101 von Cappuccinoparfait über Kaffee-Ricotta-Kuchen bis zum geeisten Milchkaffee mit heißer Schokolade.

Kokosraspel – süßes, exotisches Fruchtfleisch.

Kokosraspel oder -flocken haben einen unverwechselbaren exotischen Geschmack. Röstet man sie in der Pfanne, werden das Aroma und der Geschmack noch verstärkt. Sie eignen sich zum Beispiel zum Backen von Kokosmakronen, zum Bestreuen von Kuchen und Cremespeisen, als knackige Komponente im Obstsalat oder als Panade von gebackenen Früchten (Seite 120). Durch ihre tropische Süße bedarf es weniger Zucker, wodurch der Kohlenhydratgehalt des Desserts gesenkt werden kann.

Nussmus – ein Muss.

Nussmus wird zu 100 Prozent aus der jeweils verwendeten Nuss erzeugt. Angeboten werden Haselnuss-, Mandel- und Erdnussmuse. Ihr Geschmack variiert, ist generell nussig-süß. Haselnussmus erinnert an Nougat. In diesem Buch finden vor allem Mandel- und Haselnussmus breite Anwendung. Sie haben ein gutes Bindungsvermögen, verfeinern den Geschmack von Gebäck und Cremespeisen und helfen aufgrund ihres intensiven Aromas, den Zucker zu reduzieren. Wegen ihres hohen Fettgehalts sollte man sie aber nicht in zu üppigen Mengen verwenden. Ihr Kohlenhydratgehalt ist mit 6 bis 11 Gramm pro 100 Gramm gering. Rezepte mit Nussmus sind zum Beispiel Schoko-Mandel-Makronen (Seite 148) oder das Mousse au Chocolat (Seite 84). Nussmuse sind im Reformhaus oder Bioladen erhältlich.

Pfefferminze und Zitronenmelisse – erfrischend lecker!

Der erfrischend intensive Mentholgeschmack frischer Pfefferminze erfreut sich auch in der süßen Küche wieder wachsender Beliebtheit. Frische Früchte wie Wassermelone, Erdbeeren oder Ananas harmonieren auch ohne jeglichen Zuckerzusatz wunderbar mit der aromatischen Minze. Dies gilt auch für Cremespeisen oder Eisiges. Lassen Sie sich von uns kulinarisch mit einem säuerlichem Minzsorbet (Seite 90) oder einem Ananascarpaccio mit Minzpesto (Seite 119) verführen. Statt Pfefferminze können Sie auch die milder schmeckende Zitronenmelisse mit ihrem dezenten, zitronigen Geschmack verwenden.

Puderzucker – süßes Fliegengewicht.

Obwohl Puderzucker nichts anderes ist als fein gemahlener Zucker, haben wir festgestellt, dass man mit einem Teelöffel (3 Gramm) Puderzucker eine genauso intensive Süßkraft in Cremespeisen oder Eierspeisen erreicht wie durch die Verwendung von einem Teelöffel (6 Gramm) normalem Zucker. Das liegt möglicherweise daran, dass sich Puderzucker durch seine feine Struktur besser in der Creme verteilt und man somit mit der halben Menge auskommt.

Salz – bringt Süßes besser zur Geltung.

Warum gibt man eigentlich eine Prise Salz in den Kuchen? Aus dem gleichen Grund, weshalb man Zucker ins Dressing gibt. Um den Geschmack zu verbessern. Salz verringert die Löslichkeit der Gewürze und erhöht damit ihre Geschmacksintensität. Es ist also ein natürlicher Geschmacksverstärker und bringt die Süße in Gebäck und Süßspeisen besser zur Geltung.

Thymian – ein Allroundtalent.

Für Süßspeisen verwenden wir vor allem frische Thymianblätter, die einen würzig-zitronenartigen Geschmack haben. Erwärmt mit einem Schuss Honig oder karamellisiert mit einem halben Teelöffel braunen Zucker und dann kombiniert mit Apfelkompott und Ziegenkäse (Seite 109) oder gebackene Ananas mit Thymianhonig – ein Geschmackserlebnis für alle, die es etwas außergewöhnlicher mögen.

Trockenfrüchte – süße Früchtchen.

Trockenobst muss maßvoll dosiert werden, da es konzentrierten Zucker enthält. Getrocknete Pflaumen, Aprikosen oder Rosinen enthalten zwischen 50 und 65 Gramm Kohlenhydrate auf 100 Gramm. Zum Vergleich: Zucker liefert 99,8 Gramm Kohlenhydrate auf 100 Gramm. Somit kann Trockenobst einen Teil des Zuckers ersetzen.

Vanille – die Königin der Gewürze und der Star in diesem Backbuch.

Vanille wird vor allem für Desserts und Backwaren verwendet. Ihr Aroma ist süß, lieblich und blumig. Ebenso ihr Duft. Vanille ist nach Safran das zweitteuerste Gewürz. Das liegt daran, dass sie sehr aufwendig gewonnen wird. Wer gerne bäckt und Desserts zubereitet, staunt bei Preisen von 3 bis 4 Euro pro Schote nicht schlecht. Aber es gibt durchaus auch Alternativen, die das Backvergnügen erhalten und auch den Geldbeutel schonen.

Vanille ist ein Multitalent, sie verträgt sich im Prinzip mit so ziemlich jeder Zutat. Sie passt zu dunkler Schokolade, Obstsalaten, Quarkaufläufen, Cremespeisen, Kompott, Kuchen, Torten oder Eis. Sie harmoniert sehr gut mit Zimt, Ingwer, Chili, Nelken, Kakao und anderen Gewürzen.

Mit Vanille gegen Süßhunger?

Ein wenig Vanille schnüffeln soll den Heißhunger vertreiben. Kann das sein? Eine britische Studie mit über 200 übergewichtigen Personen hat dies untersucht. Die Testpersonen erhielten entweder ein Pflaster mit Zitronenduft, eines mit Vanilleduft oder eines ohne Duft. Das Ergebnis: Testpersonen, die Vanille schnüffeln durften, hatten deutlich weniger Heißhunger auf Schokolade als die aus den beiden Vergleichsgruppen. Wissenschaftler vermuten, dass das Vanillearoma das vegetative Nervensystem beeinflusst, indem es das Glückshormon Serotonin freisetzt. Es bedarf natürlich weiterer Untersuchungen, um diese Aussage zu festigen. Aber probieren Sie es doch einfach einmal aus!

Bei der gemahlenen Vanille, die auch als Vanillepulver im Handel erhältlich ist, werden die ganzen getrockneten Kapselhülsen, also die Vanilleschoten, mit gemahlen. Sie enthalten sehr viel Aroma, da sich dieses vor allem in der Schote befindet. Deswegen werden bei der Zubereitung von Cremespeisen auch ganze Vanilleschoten mitgekocht. Der Vorteil der gemahlenen Vanille liegt im Preis und in der leichteren Dosierung. 10 Gramm kosten zwischen 4 und 7 Euro. 2 Gramm gemahlene Vanille entsprechen etwa einer Vanilleschote. Neben der gemahlenen Vanilleschote gibt es auch gemahlenes Vanillemark beziehungsweise gemahlene Samenkörner. Diese werden auch unter dem Begriff »gemahlene Vanille« angeboten. Allerdings verlieren diese durch den technischen Gewinnungsprozess fast ihr komplettes Vanillearoma. Aus diesem Grund empfehlen wir, entweder echte Vanilleschoten oder gemahlene Vanilleschoten zu verwenden. Eine weitere Alternative ist flüssiger Vanilleextrakt. Er wird aus Vanilleschoten extrahiert und enthält die Aromastoffe der Vanille in hoch konzentrierter Form. Ein Tropfen ersetzt etwa eine Vanilleschote. Kostenpunkt: 7 bis 15 Euro für 5 Milliliter. Gemahlene Vanille ist mittlerweile in gut sortierten Supermärkten oder übers Internet erhältlich. Weiterhin kann auch das günstigere Vanillearoma, welches meistens künstliche Aromen enthält, zum Backen verwendet werden. Dieses ist günstiger und in jeder Backabteilung erhältlich.

Tipp: Kalorienfreien beziehungsweise -armen Vanillezucker können Sie ganz einfach selbst herstellen. Mischen Sie die ausgekratzte Vanilleschote mit Streusüße, Sukrin oder weißem Stevia-Pulver und geben Sie sie in ein Glas. Luftdicht verschlossen mindestens zwei Wochen stehen lassen, damit sich das Aroma richtig ausbreiten kann.

Zimt – ganz schön alt und total zeitgemäß.

Zimt, die Nummer eins unter den Weihnachtsgewürzen, zählt zu den ältesten Gewürzen der Menschheit. Er ist ein absolutes Muss in unserer LOGIschen Backstube. Sein Geschmack ist süß-holzig und würzig-zart, gepaart mit einem intensiven Aroma. Zimt ist vielfältig einsetzbar. Während er in arabischen Ländern gerne in Fleischgerichte gemischt wird, verwenden wir ihn überwiegend zum Aromatisieren von Süßspeisen und Backwaren sowie warmer Getränke wie Kaffee, Tee oder Glühwein. Ob im Orangencocktail mit Marsala-Zimt-Zabaione (Seite 76) oder in der Bayerischen Creme mit Zimtsauce (Seite 83): Das braune Pulver ist ein Gewinn für jede Süßspeise – auch außerhalb der Weihnachtszeit. Zimt wird in unterschiedlichen Qualitäten angeboten. Einer der besten ist der Ceylon-Zimt, der auch »echter Zimt« genannt wird. Er ist aromatischer als der billigere Cassia- beziehungsweise China-Zimt.

Zimt harmoniert sehr gut mit Ingwer, Vanille, Nelken, Kardamom und anderen Weihnachtsgewürzen. Außerdem passt er gut zu Süßspeisen, die mit Früchten wie Orangen und Beeren oder mit Mandeln verfeinert werden.

Einkaufstipp: Echten Zimt erkennt man daran, dass die Stangen zart und dünn sind. Die getrockneten Rinden sind dicht gewickelt, ihre Farbe ist hellbraun.

Zitronen- und Orangenabrieb – schmeckt nach Süden.

Zitronenabrieb verleiht Cremespeisen, Obstsalaten oder auch Kuchen einen zarten, unaufdringlichen, zitronigen Geschmack. Zitronensaft dagegen ist viel durchdringender und die Säure weniger dezent. Milder als Zitronenschale ist Orangenabrieb. Dieser harmoniert gut mit Zimt, Ingwer, Gewürznelken und anderen Weihnachtsgewürzen.

Küchentipp: Verwenden Sie immer unbehandelte Früchte und waschen Sie die Schale lauwarm ab. Wem das Abreiben zu mühselig ist, der kann auch Abrieb in Pulverform aus der Backwarenabteilung verwenden.

DAS GROSSE
LOGI-AROMALEXIKON.

Einkaufshilfe: Wo gibt es was zu kaufen?

Produkt	Erhältlich	Menge	Preis in €
LOGIsche Mehle			
Kokosmehl	Internet	500 g	6–8
Haselnuss, gemahlen	Supermarkt	100 g	ca. 1
Haselnussmehl	Internet, Reformhaus	500 g	6,50–7,50
Mandeln, gemahlen, blanchiert	Supermarkt, Reformhaus, Internet	100 g	ca. 1
Mandelmehl	Internet, Reformhaus	500 g	6,50–8,50
Sojamehl	Reformhaus, Internet	500 g	3–4
Eiweißpulver, neutral und aromatisiert	Drogeriemarkt, Internet	750 g	16–25
Bindemittel			
Agar-Agar	Supermarkt, Reformhaus, Internet	100 g	5–9
Johannisbrotkernmehl	Internet, Drogeriemarkt, Reformhaus	100 g	ca. 5
Guarkernmehl	Internet, Reformhaus, Apotheke	100 g	ca. 2–3
Gelatine	Supermarkt, Reformhaus, Internet	6 Blatt (10 g)	ca. 1
Zuckeraustauschstoffe			
Sukrin	Internet, Reformhaus	500 g	ca. 8
Stevia Dulce	Internet, Drogeriemarkt, Reformhaus	100 ml	3–7
Stevia Fluid	Internet, Drogeriemarkt, Reformhaus	100 ml	4–25
Stevia, grünes Pulver	Internet, Drogeriemarkt, Reformhaus	100 g	3–8
Stevia, weißes Pulver	Internet, Drogeriemarkt, Reformhaus	100 g	10–100
Stevia-Tabs	Internet, Drogeriemarkt, Reformhaus	300 Stück	7–9
Backzutaten			
Backaromen	Supermarkt, Reformhaus	20 ml	ca. 2
Brotgewürz	Supermarkt, Reformhaus	50 g	ca. 3
Gewürznelken & Co.	Supermarkt, Reformhaus	10 g	1–2
Kokosraspeln	Supermarkt, Reformhaus	200 g	ca. 0,70
Nussmus, z. B. Mandelmus	Internet, Reformhaus	330 g	7–8
Kräuter, z. B. Pfefferminze, Zitronenmelisse, Thymian	Gemüsehändler, Reformhaus	1 Topf	0,50–1,80
Vanilleschoten	Supermarkt, Reformhaus	2 Schoten	ca. 3
gemahlene Vanille	Supermarkt, Reformhaus	10 g	4–7
Zimt	Supermarkt, Reformhaus	10 Stangen	ca. 3
Backtriebmittel			
Backpulver	Supermarkt, Reformhaus, Internet	6 Päckchen	ca. 0,50
Natron	Supermarkt, Reformhaus, Internet	50 g	ca. 0,50
Trockenhefe	Supermarkt, Reformhaus, Internet	3 Päckchen	ca. 0,60

LOGIsch backen –
Die wichtigsten Backzutaten für gutes Gelingen:

Brot, Brötchen, Kekse oder Kuchen – diese Leckereien haben eines gemeinsam: sie enthalten Getreidemehl. Und davon reichlich. Deshalb besetzen sie in der LOGI-Pyramide die obersten beiden Stufen. Als Grundnahrungsmittel taugen sie also nicht. Wer LOGI effektiv umsetzen möchte, sollte davon nur wenig essen. Aber wäre es nicht schön, ein Stück Kuchen oder eine Scheibe Brot ohne schlechtes Gewissen essen zu können? Gefällt Ihnen der Gedanke, an Weihnachten ein paar Plätzchen zu genießen, ohne dass Ihre Bauchspeicheldrüse hohe Dosen Insulin ausschütten muss?

Das geht! Gesund und kohlenhydratarm backen muss kein Widerspruch sein. Ein Teig kann auch ohne Weizenkleber (Gluten) in Form gebracht werden und man kann einem Kuchen auch ohne Getreidemehl das nötige Volumen verleihen. Wie? Das erfahren Sie in diesem Buch.

Kohlenhydratarme Volumengeber.

Um den Kohlenhydratgehalt der Backwaren zu reduzieren, verwenden wir in der LOGI-Backstube statt Weizenmehl gemahlene Mandeln, Mandelmehl, gemahlene Haselnüsse, Haselnussmehl, Kokosmehl sowie Sojamehl. 100 Gramm gemahlene Mandeln enthalten im Vergleich zu 100 Gramm Getreidemehl ganze 67 Gramm weniger Kohlenhydrate. Das entspricht etwa 23 Stück Würfelzucker.

Mandeln – der ideale und bekannteste Mehlersatz.

Unterscheiden muss man zwischen Süß- und Bittermandeln. Bittermandeln enthalten geringe Mengen an giftiger Blausäure und sind deshalb für den Verzehr nicht geeignet. Lediglich Bittermandelaroma kommt beim Backen oft zum Einsatz. Süßmandeln sind dank ihres nussig-süßlichen Geschmacks zum Rohverzehr, zum Backen und Dekorieren, für Backwaren und Süßspeisen geeignet. In der Backstube sind vor allem gemahlene, blanchierte Mandeln von Bedeutung.

ZUTATEN
ZUM BACKEN NACH LOGI.

Hierfür werden ganze Mandelkerne durch kurzes Überbrühen mit heißem Wasser von der dunklen Haut befreit, dann getrocknet und gemahlen. Gemahlene Mandeln machen den Teig saftiger und aromatischer. Sie sind in jeder Backwarenabteilung erhältlich.

- **Kosten:** 100 g für etwa 1 Euro.

Mandelmehl ist von den gemahlenen Mandeln zu unterscheiden, es ist nicht das gleiche! Vielmehr handelt es sich um den vermahlenen Presskuchen, der bei der Herstellung von Mandelöl übrig bleibt. Der entölte Presskuchen enthält weniger Fett, weniger Energie und mehr Eiweiß als gemahlene Mandeln. Mandelmehl kann übers Internet bezogen werden, auch viele Reformhäuser bieten es an. Aufgrund des erhöhten Herstellungsaufwands ist es nicht ganz billig.

- **Kosten:** 500 g zwischen 6,50 und 8,50 Euro.

Im Vergleich:	Mandelmehl	Gemahlene Mandeln (Mandelgrieß)
Vorteil	- energieärmer - mehr Eiweiß - bessere Backeigenschaften	- aromatischer - höhere Nährstoffdichte
Nachteil	- geringer Eigengeschmack, weniger aromatisch	- energiereicher - Verunreinigungen möglich

Noch mehr Aroma dank Haselnüssen

Die Verwendung gemahlener oder gehackter Haselnüsse verspricht aromatische Kuchenteige und Plätzchen, zum Beispiel die Eierlikörtorte (Seite 162). Die Nüsse entfalten durch das Backen oder Rösten ein feines Nougataroma. Weniger geeignet sind sie für Salziges und Deftiges. Gemahlene und gehackte Haselnüsse bekommen Sie in jedem Supermarkt in der Backwarenabteilung.

Haselnussmehl wird wie Mandelmehl gewonnen und weist somit auch eine niedrigere Energiedichte als gemahlene Haselnüsse auf. Haselnussmehl können Sie übers Internet bestellen.

- **Kosten:** 1 kg ab 7,50 Euro.

Ein Austausch von Getreidemehl durch gemahlene Nüsse oder Nussmehle im Verhältnis von 1:1 ist nicht empfehlenswert, da sonst die Energiedichte der Backware enorm ansteigt. Stattdessen verwenden wir wasserreiche Volumengeber wie geraspelte Möhren oder Quark, um die Energiedichte im Rahmen zu halten. So verarbeiten wir zum Beispiel im Apfel-Möhren-Kuchen 180 Gramm gemahlene Mandeln statt 300 Gramm Weizenmehl und ersetzen das fehlende Volumen durch 200 Gramm geraspelte Möhren.

Kokosmehl.

Zur Herstellung von Kokosmehl wird das Fruchtfleisch getrocknet, entölt und dann gemahlen. Der Kohlenhydratgehalt variiert zwischen 4 und 26 Gramm pro 100 Gramm – je nach Hersteller. Es ist nicht gerade günstig, aber man braucht auch nur wenig davon, da es sehr ergiebig ist. Das liegt daran, dass Kokosmehl durch seinen hohen Ballaststoffanteil ein unglaubliches Quellvermögen besitzt. Das intensiv nach Kokos riechende Mehl besitzt eine gute Bindefähigkeit und eignet sich dadurch hervorragend zum Backen. Im Vergleich zu Getreidemehl benötigt man deutlich weniger Kokosmehl. Dank seines süßlichen Geschmacks kann zudem Zucker oder Süßstoff eingespart werden. Kokosmehl ist vor allem übers Internet erhältlich.

- **Kosten:** 500 g zwischen 6 und 8 Euro.

Eiweißpulver.

Was für den Bäcker das Mehl ist, ist für uns LOGI-Freunde das Eiweißpulver. Eiweißpulver gibt es geschmacksneutral oder auch in verschiedenen Geschmacksrichtungen wie Vanille, Erdbeere oder Schokolade. Die aromatisierten Pulver sind etwas süßer im Geschmack, denn ihnen wird Süßstoff zugesetzt. Die in Drogerie- und Supermärkten erhältlichen Sorten setzen sich häufig aus verschiedenen Eiweißkomponenten zusammen. Die meisten Produkte enthalten Milcheiweiß und Molkeneiweiß (Laktalbumin). Da es uns beim LOGIschen Backen – anders als in der Sporternährung – nicht um die Eiweißqualität im Sinne der Aminosäurezusammensetzung geht, ist jedes Eiweißpulver geeignet, das weniger als 10 Gramm Kohlenhydrate je 100 Gramm enthält.

ZUTATEN
ZUM BACKEN NACH LOGI.

Eiweißpulver kann als kohlenhydratarmer Mehlersatz beim Backen von Kuchen oder Pfannkuchen verwendet werden. Leider gibt es keine offiziellen Angaben, wie viel Gramm Eiweißpulver 100 Gramm Mehl ersetzen. Unserer Erfahrung nach genügt grundsätzlich etwas weniger als die volle Mehlmenge. Wie gut das Binde- und Quellvermögen des Eiweißpulvers ist, hängt außerdem von seiner Zusammensetzung ab.

- **Kosten:** 750 g 16 bis 25 Euro.

Sojamehl.

Sojamehl ist – nach dem Eiweißpulver – das eiweißreichste und kohlenhydratärmste Austauschprodukt für Mehl. Es handelt sich um entfettetes Mehl, das bei der Gewinnung von Sojaöl anfällt. Sein Aroma ist sehr intensiv, leicht nussig und etwas bitter. Sojamehl eignet sich auch gut als Eiersatz. Ein Esslöffel Sojamehl plus zwei Esslöffel Flüssigkeit ersetzen ein Ei. Das Mehl eignet sich sehr gut zum Backen und verleiht den Backwaren aufgrund des hohen Eiweißanteils mehr Feuchtigkeit. Probieren Sie doch einmal die Sojapfannkuchen (Seite 87). Sojamehl ist in Reformhäusern oder übers Internet erhältlich.

- **Kosten:** 500 g 3 bis 4 Euro.

LOGIscher Mehlersatz im Überblick im Vergleich zu Weizenmehl:

Nährwerte pro 100 g	Mandelmehl	Gemahlene Mandeln	Haselnussmehl	Gemahlene Haselnüsse	Kokosmehl	Eiweißpulver, neutral	Sojamehl	Weizenmehl
Kalorien (kcal)	282	596	320	650	255	376	397	337
Eiweiß (g)	36	20	28	14	18	85	40	10
Kohlenhydrate (g)	7	4	18	10	22	5	3	71
Fett (g)	12	57	12	62	8	2	21	1

LOGIsche Mehle für glutenfreies Backen:

Die Überempfindlichkeit vieler Menschen gegenüber dem Weizeneiweiß Gluten, auch als Zöliakie oder Sprue bezeichnet, bringt die Süßschnäbel unter ihnen oft um den Genuss von Kuchen und Gebäck. Tipp: Unsere LOGIschen Mehle sind alle glutenfrei. Achten Sie jedoch auch bei anderen Backzutaten darauf, dass diese glutenfrei sind. Zum Beispiel das Backpulver. Und bestäuben Sie die Form beispielsweise mit Maismehl statt mit Weizenmehl.

Was man sonst noch für leckere LOGI-Kuchen & Co. brauchen kann.

Eier – machen den Teig locker und Cremes geschmeidig.

Backwaren ohne Eier sind wie Sushi ohne Fisch. Bei LOGI gibt es keine Einschränkung im Eierverzehr, denn es gibt kein gesünderes, natürlicheres Lebensmittel als dieses Naturprodukt. Eiweiß – zu Schnee aufgeschlagen – macht Teige und Cremes lockerer. Es dient auch als Triebmittel in Soufflés. Eigelb enthält den Emulgator Lecithin und macht Cremespeisen noch cremiger. Eier sind hervorragende Binde- und Klebemittel und auch für glänzende Gebäckstücke kommen sie zum Einsatz.

Butter, Öle & Co.

Fett gehört in den Kuchen, dadurch trocknet er nicht aus und bleibt länger geschmeidig und saftig. Außerdem ist Fett ein Geschmacksträger. Vor allem die Butter ist aufgrund des typischen Butteraromas begehrt wie kein anderes Backfett. Nussreiche Kuchenteige benötigen weniger zusätzliches Fett, da die Nüsse fettreich sind.

ZUTATEN
ZUM BACKEN NACH LOGI.

Quark, Ricotta und Frischkäse.

Milchprodukte wie Quark, Ricotta und Frischkäse machen den Kuchen oder auch das Brot saftig und locker. Außerdem kann ein Teil der Butter oder der energiereichen Nüsse zum Beispiel durch Magerquark ersetzt werden. Da Quark & Co. recht wasserreich sind und den Teig zu flüssig machen könnten, empfehlen wir in einigen Rezepten, den Quark in ein angefeuchtetes Geschirrtuch zu wickeln und in einem Sieb mindestens 30 Minuten abtropfen zu lassen. Quark & Co. eignen sich nicht nur für die Zubereitung von Kuchenteigen und Broten, sondern auch für Käsekuchen ohne Boden und natürlich für Cremespeisen.

Backhilfsmittel – zum Binden und Verdicken.

Johannisbrotkernmehl (Carubenmehl)

Johannisbrotkernmehl wird aus den Samen des Johannisbrotbaumes gewonnen. Es kann als Ersatz von Stärkemehl zum Binden und Verdicken von Saucen, Speiseeis, Cremes, Suppen und auch zum Backen verwendet werden. Johannisbrotkernmehl ist ein Ballaststoff; es wird nicht verdaut und liefert keine verwertbare Energie. Johannisbrotkernmehl ist weiß bis leicht beige, geschmacksneutral und besitzt eine bis zu fünfmal höhere Quellfähigkeit als Stärke. Vorteilhaft ist diese Eigenschaft, da es sowohl kalte als auch warme Speisen binden und verdicken kann. Es kommt in Süßwaren, Saucen, Suppen, Puddings und Speiseeis vielfach zum Einsatz. Es verbessert zudem das Wasserbindungsvermögen von Brot- und Kuchenteigen mit geringem oder gar keinem Klebergehalt. 1 Gramm (= ½ TL) Johannisbrotkernmehl genügt zum Binden von 100 Milliliter kalter oder 200 Milliliter warmer Flüssigkeit.

Erhältlich war Johannisbrotkernmehl lange Zeit nur übers Internet, im Drogeriemarkt oder Reformhaus. Mittlerweile wird es immer öfter auch in Supermärkten, oft in der Bioabteilung, angeboten.

- **Kosten:** 100 g rund 5 Euro.

Guarkernmehl

Dieses ist wie Johannisbrotkernmehl ein natürlicher Ballaststoff, der aus den Samen des Guarstrauchs gewonnen wird. Guarkernmehl hat ein hervorragendes Bindevermögen und eignet sich ebenfalls als Ersatz von Stärkemehl. Es wird oft als Verdickungsmittel in energiereduzierten, fettarmen Lebensmitteln eingesetzt, um diesen eine sahnige, cremige Konsistenz zu verleihen. Guarkernmehl kann wie Johannisbrotkernmehl eingesetzt werden. Für welches Verdickungs- und Bindemittel Sie sich entscheiden, können Sie Ihrem Geschmack oder Ihrem Geldbeutel überlassen. Erhältlich ist Guarkernmehl übers Internet, im Reformhaus und in der Apotheke.

- **Kosten:** 100 g 2 bis 3 Euro.

Wenn Sie Gelatine in Desserts verwenden, die Früchte wie Ananas, Papaya oder Kiwi enthalten, müssen die exotischen Früchte vorab leicht erhitzt werden. Denn sie enthalten ein Eiweiß spaltendes Enzym, das die gelierenden Eigenschaften der Gelatine verhindert.

Agar-Agar

Agar-Agar ist ein Verdickungs- und Geliermittel aus Rotalgen, welches auch als vegetarische Alternative zur Gelatine gehandelt wird. Die Bindefähigkeit ist bis zu sechsmal stärker als die herkömmlicher Blattgelatine. Es wird zum Andicken von Gelees, Cremes, Puddings, Marmeladen, roter Grütze sowie auch zur Herstellung von Tortenguss (siehe Erdbeerkuchen auf Seite 177) verwendet. Ein großer Vorteil ist, dass Agar-Agar keinen Zucker benötigt, um zu gelieren. Das natürliche Geliermittel muss zunächst kurz erhitzt werden und entfaltet seine festigenden Eigenschaften während des Abkühlens. Es ist somit für Süßspeisen, die nicht erhitzt werden dürfen, ungeeignet. Für die richtige Dosierung braucht man ein wenig Übung, da es jede Flüssigkeit unterschiedlich stark geliert. Als Faustregel für schnittfeste Gelees gilt: ein schwach gehäufter Teelöffel (5 Gramm) auf 500 Milliliter Flüssigkeit. Für einen Tortenguss genügt ein halber Teelöffel (3 Gramm) auf 500 Milliliter.

In größeren Mengen wirkt Agar-Agar abführend. Agar-Agar wird im Reformhaus, übers Internet und mittlerweile von großen bekannten Backwarenherstellern in gut sortierten Supermärkten angeboten.

- **Kosten:** 100 g 5 bis 9 Euro.

Gelatine

Gelatine besteht bis zu 90 Prozent aus dem Eiweiß Kollagen, das aus tierischen Produkten gewonnen wird. Es wird zum Verdicken und Binden von kalten Speisen wie Terrinen, Cremespeisen, Parfaits oder Gelees verwendet. Da Gelatine hitzeempfindlich ist, darf sie nicht über 80 Grad erwärmt werden, um ihr Geliervermögen nicht zu verlieren. Gelatine beeinflusst ganz leicht den Geschmack der Speisen, die sie bindet. Daher sollten Süßspeisen nach Zugabe der Gelatine erneut abgeschmeckt werden.

Dosierung: Soll die Speise schnittfest werden, dann empfehlen wir 6 Blatt Gelatine auf 500 Gramm der zu bindenden Speise. Zum Festigen von Cremes benötigen Sie 4 Blatt Gelatine für 500 Gramm. Für Flüssigkeiten, die zu festem Gelee werden sollen, benötigen Sie 8 Blatt Gelatine für 500 Milliliter.

- **Kosten:** weniger als 1 Euro für 6 Blatt (10 g).

Backtriebmittel.

Backpulver

Backpulver besteht aus Natron und Säure, welche durch Hitze und Feuchtigkeit miteinander reagieren. Dabei entsteht das Gas Kohlenstoffdioxid (CO_2), welches den Teig lockert und ihm mehr Volumen verleiht. Backpulver wird immer in die trockenen Teigzutaten gemischt, also Mehl, gemahlene Mandeln et cetera, damit es sich vorab gut verteilt. Da das Backpulver aber dann bereits zu wirken beginnt, muss der Teig sofort nach der Zubereitung gebacken werden. Wichtig ist die richtige Dosierung – zu viel des Guten lässt den Teig zwar schnell aufgehen, aber auch genauso schnell wieder zusammenfallen. Außerdem beeinflusst es den Geschmack negativ. Dosiert man es zu schwach, fällt die Treibwirkung zu gering aus.

- **Dosierung:** für 500 g LOGIsches Mehl benötigt man etwa 6 g Backpulver.
- **Kosten:** etwa 50 Cent für 6 Tütchen für jeweils 500 g Mehl. Weinsteinbackpulver ist etwas teurer, da es kein Phosphat enthält.

Natron

Natron ist ein Backtriebmittel wie Backpulver. Damit der Teig schön »fluffig« wird, bedarf es noch einer sauren Komponente, die im Backpulver bereits enthalten ist. Vor allem für Muffins wird in den USA traditionell Natron verwendet, weil es den Teig luftiger macht. Buttermilch, saure Sahne oder saure Früchte werden als saure Komponente zugefügt. Die LOGIschen Muffinrezepte finden Sie ab Seite 172.

- **Kosten:** 50 g etwa 50 Cent.

Trockenhefe

Hefen sind Pilze, die Kohlenstoffdioxid bilden. Somit eignet sich Hefe prima als Backtriebmittel. Damit sie ihre Treibkraft entfalten kann, bedarf sie Stärke beziehungsweise Zucker zum Vergären. Deswegen muss auch einem Low-Carb-Backrezept, das Hefe enthält, etwas Zucker oder Weizenmehl zugesetzt werden. Allerdings fällt die Treibkraft durch den geringen Kohlenhydratanteil entsprechend geringer aus als in Gebäck mit normalem Zucker- beziehungsweise Mehlanteil. Low-Carb-Brote mit Hefe sind deshalb eher kompakt.

- **Kosten:** 3 Päckchen rund 1,30 Euro.

> **Tipp:** Alle hier aufgelisteten Backtriebmittel finden Sie in der Backwarenabteilung eines Supermarktes.

DIE REZEPTE.

**Über 100 raffinierte Dessertrezepte,
die Sie niemals für möglich gehalten hätten.
So macht Leben nach LOGI noch mehr Spaß!**

Schokoladensoufflé

6 Soufflés

- 3 Eier + 1 Eiweiß, Salz
- 2 TL Puderzucker
- 1 TL Vanillezucker
- 2 TL dunkles Kakaopulver
- 25 g Zartbitterschokolade (65–70 % Kakao)
- 30 g weiche Butter
- 20 g Haselnussmus (oder Mandelmus)
- 20 ml Vollmilch (3,5 % Fett)
- 1 TL Espressopulver instant
- 25 g gemahlene Mandeln
- ½ TL Johannisbrotkernmehl
- Butter und Mehl für die Form
- 6 Souffléförmchen, 1 große Auflaufform

1. Den Backofen auf 180° (Ober- und Unterhitze) vorheizen. Die Souffléförmchen mit Butter einfetten und mit etwas Mehl bestäuben. Eine Auflaufform zu einem Drittel mit Wasser füllen und die Förmchen hineinsetzen.

2. Die Eier trennen. Die 4 Eiweiße mit 1 Prise Salz halbsteif schlagen. Mit 1 TL Puderzucker zu einem festen Schnee aufschlagen und diesen kühl stellen. Die Eigelbe mit dem Vanillezucker und 1 TL Puderzucker cremig rühren. Das Kakaopulver unterrühren.

3. Die Schokolade im warmen Wasserbad mit der Butter und dem Nussmus schmelzen lassen. Die Milch erwärmen und das Espressopulver darin auflösen.

4. Die geschmolzene Schokolade und die Espressomilch nach und nach unter die Eiercreme rühren. Mandeln und Johannisbrotkernmehl mischen und ebenfalls unterrühren. Den Eischnee vorsichtig unterheben.

5. Die Förmchen drei Viertel hoch mit der Creme füllen. Im Ofen (unten) 25–30 Minuten backen. Währenddessen die Ofentür keinesfalls öffnen, da die Soufflés sonst zusammenfallen. Die Soufflés nach dem Backen sofort servieren.

1 Portion (60 g): 170 kcal, 5 g (12 E%) Eiweiß, 14 g (76 E%) Fett, 5 g (12 E%) Kohlenhydrate. Die Kohlenhydratdichte mit 8,3 g pro 100 g liegt im niedrigen Bereich.

Zubereitungszeit: 20 Minuten
Backzeit: ca. 30 Minuten
Schwierigkeitsgrad: mittel

Zitronen-Vanille-Soufflé

4 Stück

- 1 unbehandelte Zitrone
- 3 Eier + 1 Eiweiß, Salz
- 1 TL Vanillezucker
- 2 TL Puderzucker
- ¼ TL gemahlene Vanille (oder Mark von 1 Vanilleschote)
- Backöl Zitrone
- 30 g weiche Butter
- 20 g Mandelmus
- 100 g Ricotta
- 15 g gemahlene, blanchierte Mandeln
- 1 TL Weizenmehl
- ½ TL Johannisbrotkernmehl
- Butter und Mehl für die Förmchen
- 6 Souffléförmchen, 1 große Auflaufform

1. Den Backofen auf 180° (Ober- und Unterhitze) vorheizen. Die Souffléförmchen mit Butter einfetten und mit etwas Mehl bestäuben. Die Auflaufform ein Drittel hoch mit Wasser füllen, die Förmchen hineinsetzen.

2. Die Zitrone heiß waschen, trocken tupfen und die Schale fein abreiben. Die Eier trennen. Die 4 Eiweiße mit 1 Prise Salz halbsteif schlagen. 1 TL Puderzucker einrieseln lassen und steif schlagen. Kühl stellen.

3. Die Eigelbe mit Vanillezucker, 1 TL Puderzucker, Vanille und einigen Tropfen Zitronenbacköl cremig rühren. Zunächst Butter und Mandelmus, dann Zitronenschale und Ricotta unterrühren.

4. Mandeln, Mehl und Johannisbrotkernmehl mischen und unter die Creme rühren. Den Eischnee vorsichtig unterheben. Den Teig gleichmäßig auf die Förmchen verteilen.

5. Im Ofen (unten) 35–40 Minuten backen. Währenddessen die Ofentür auf keinen Fall öffnen, da die Soufflés sonst zusammenfallen. Die Soufflés nach dem Backen sofort servieren.

Gut zu wissen: Das Backen von Soufflés bei Umluft ist nicht empfehlenswert.

1 Portion (60 g): 210 kcal, 10 g (19 E%) Eiweiß, 18 g (72 E%) Fett, 4 g (9 E%) Kohlenhydrate. Die Kohlenhydratdichte mit 6,7 g pro 100 g liegt im niedrigen Bereich.

Zubereitungszeit: 15 Minuten
Backzeit: ca. 40 Minuten
Schwierigkeitsgrad: mittel

Mirabellenclafoutis

2 Portionen

- **150 g Mirabellen** (ersatzweise aus dem Glas)
- **1 großes Ei + 1 Eiweiß**
- **Salz, Zitronensaft**
- **1 TL Vanillezucker**
- **2 EL gemahlene, blanchierte Mandeln**
- **1 EL Ricotta** (ersatzweise Sahnequark)
- **100 ml fettarme Milch** (1,5 % Fett)
- **½ TL Johannisbrotkernmehl**
- **Butter für die Form**
- **2 feuerfeste Förmchen** (ø 9 cm)

1. Den Backofen auf 180° (Umluft 160°) vorheizen. Die Förmchen mit Butter einfetten. Die Mirabellen waschen, trocken tupfen, entsteinen und gleichmäßig in die Förmchen verteilen.

2. Das Eiweiß mit 1 Prise Salz und 1 Spritzer Zitronensaft steif schlagen. Beiseite stellen. Das Ei mit dem Vanillezucker cremig rühren. Zunächst die Mandeln, dann den Ricotta unterrühren. Nach und nach die Milch zugeben. Das Johannisbrotkernmehl gut unterrühren.

3. Den Eischnee vorsichtig unter den Teig ziehen. Den Teig gleichmäßig über die Mirabellen gießen. Die Clafoutis im Ofen (Mitte) 30–35 Minuten backen.

Variante Kirschclafoutis: Verwenden Sie statt der Mirabellen 125 g Schattenmorellen und zusätzlich 1 TL dunkles Kakaopulver. Das Kakaopulver mit dem Ei und dem Vanillezucker verrühren. Fortfahren wie beschrieben.

Mirabellenclafoutis
1 Portion (200 g): 215 kcal, 11 g (20 E%) Eiweiß, 12 g (48 E%) Fett, 17 g (32 E%) Kohlenhydrate. Die Kohlenhydratdichte mit 8,5 g pro 100 g liegt im niedrigen Bereich.

Kirschclafoutis
1 Portion (195 g): 255 kcal, 13 g (21 E%) Eiweiß, 15 g (50 E%) Fett, 18 g (29 E%) Kohlenhydrate. Die Kohlenhydratdichte mit 8,5 g pro 100 g liegt im niedrigen Bereich.

Zubereitungszeit: 20 Minuten
Backzeit: ca. 35 Minuten
Schwierigkeitsgrad: einfach

SEITE 45

Kirschauflauf

4 Portionen

- **250 g Kirschen** (ersatzweise aus dem Glas)
- **2 Eier, Salz**
- **2 EL Honig**
- **250 g Magerquark**
- **80 g weiche Butter**
- **1 EL Kokosraspel**
- **Butter und Mehl für die Form**
- **Auflaufform** (ø 16 cm)

Küchenhelfer: Handrührgerät, Pürierstab

1. Den Backofen auf 200° (Umluft 180°) vorheizen. Eine Auflaufform mit Butter einfetten und mit etwas Mehl bestäuben. Die Kirschen in ein Sieb geben und gut abtropfen lassen.

2. Die Eier trennen. Die Eiweiße mit 1 Prise Salz steif schlagen und kühl stellen. Die Eigelbe mit dem Honig cremig rühren. Quark und Butter unterrühren. Den Eischnee unterheben.

3. 150 g Kirschen pürieren, die übrigen Kirschen halbieren. Die Hälfte der Quarkcreme in die Auflaufform gießen. Zunächst gleichmäßig die Hälfte der pürierten Kirschen, dann die Hälfte der halbierten Kirschen darauf verteilen. Mit der übrigen Quarkmasse bedecken, darauf wieder Kirschpüree und Kirschhälften geben.

4. Den Auflauf mit Kokosraspeln bestreuen und im Ofen (Mitte) 30–40 Minuten backen, bis sich eine goldbraune Kruste bildet.

Tipp: Anstelle der Kirschen können Sie auch frische Erdbeeren verwenden.

1 Portion (180 g): 310 kcal, 13 g (17 E%) Eiweiß, 22 g (63 E%) Fett, 15 g (20 E%) Kohlenhydrate. Die Kohlenhydratdichte mit 8,2 g pro 100 g liegt im niedrigen Bereich.

Zubereitungszeit: 10 Minuten
Backzeit: ca. 40 Minuten
Schwierigkeitsgrad: einfach

Pizzette dolce

2 Portionen

- 6 kernlose Weintrauben
- 4 frische Erdbeeren
- 1 Kiwi
- 2 Eier, Salz
- Zitronensaft
- 1 Päckchen Vanillezucker
  (ersatzweise ¼ TL Flüssigsüßstoff oder 3–4 Tropfen Stevia Fluid)
- 50 g Magerquark
- 2 EL Mineralwasser
- 1 Msp. Zimt
- 1 TL Butter
- 1 EL Kokosraspel
- 2 Dessertringe (ø 10 cm)

1. Den Backofen auf 180° (Umluft 160°) vorheizen. Das Backblech mit Backpapier belegen. Die Weintrauben waschen und längs halbieren. Die Erdbeeren waschen, längs halbieren, große Beeren vierteln. Die Kiwi schälen und in 1 cm große Würfel schneiden.

2. Die Eier trennen. Die Eiweiße mit 1 Prise Salz und 1 Spritzer Zitronensaft steif schlagen. Die Eigelbe mit dem Vanillezucker cremig rühren. Quark, Mineralwasser und Zimt unterrühren. Den Eischnee vorsichtig unterheben.

3. Die Butter in einer Pfanne zerlassen. Die Dessertringe in die Pfanne setzen und jeweils die Hälfte der Creme eingießen. Die Omeletts 5 Minuten bei reduzierter Temperatur stocken lassen.

4. Die Dessertringe lösen und die Omeletts auf das Backpapier legen. Die vorbereiteten Früchte darauf verteilen. Im Ofen (oben) 8–10 Minuten backen. Vor dem Servieren mit Kokosraspeln bestreuen.

1 Portion (150 g): 220 kcal, 12 g (22 E%) Eiweiß, 14 g (58 E%) Fett, 11 g (20 E%) Kohlenhydrate. Die Kohlenhydratdichte mit 7,3 g pro 100 g liegt im niedrigen Bereich.

Zubereitungszeit: 15 Minuten
Backzeit: ca. 10 Minuten
Schwierigkeitsgrad: einfach

Süße Lasagne

6 Portionen

Für die Füllung:
- 200 g Magerquark
- 125 g frische Heidelbeeren
- 1 Eiweiß + 2 Eigelbe
- Zitronensaft
- 1 TL Vanillezucker
- 15 g weiche Butter
- 2 EL Eiweißpulver (Vanille)
- 40 g Mascarpone
- ½ TL gemahlene Vanille (oder Mark von 1 Vanilleschote)
- ½ TL Zimt
- 30 ml fettarme Milch (1,5 % Fett)

Für die Erdbeersauce:
- 180 g aufgetaute TK-Erdbeeren
- 1 EL Puderzucker, schwach gehäuft
- 1 TL Johannisbrotkernmehl

Für die Crêpes:
- 3 Eier, Salz
- 1 Päckchen Vanillezucker
- 35 g gemahlene, blanchierte Mandeln
- 2 EL Eiweißpulver (neutral oder Vanillegeschmack)
- 150 ml fettarme Milch (1,5 % Fett)
- 1 TL Nussöl (z. B. Mandel- oder Walnussöl)
- Mandelblättchen zum Bestreuen
- Butter zum Ausbacken
- 1 eckige Auflaufform (etwa 19 cm breit)

Küchenhelfer: Handrührgerät, Pürierstab

1. Für die Füllung den Quark in ein Geschirrtuch geben und in einem Sieb 20 Minuten abtropfen lassen. Die Heidelbeeren waschen und gut abtropfen lassen.

2. Für die Erdbeersauce die Beeren mit dem Vanillezucker pürieren. In einem kleinen Topf aufkochen lassen, die Hitzezufuhr reduzieren und das Johannisbrotkernmehl einrühren. 10 Minuten leise köcheln lassen. Anschließend gut abkühlen lassen.

3. Für die Crêpes die Eier mit 1 Prise Salz und Vanillezucker cremig rühren. Mandeln und Eiweißpulver mischen. Abwechselnd mit der Milch unter die Eiercreme rühren. Dann das Öl unterschlagen.

4. In einer beschichteten Pfanne etwas Butter zerlassen. Ein Drittel des Teiges in die Pfanne gießen und daraus 1 Crêpe auf beiden Seiten goldgelb ausbacken. Auf diese Weise noch 2 weitere Crêpes backen. Die Crêpes abkühlen lassen.

5. Den Backofen auf 200° (Umluft 180°) vorheizen. Den abgetropften Quark ausdrücken, bis keine Flüssigkeit mehr austritt. Das Eiweiß mit 1 Prise Salz und 1 Spritzer Zitronensaft sehr steif schlagen.

6. Die Eigelbe mit dem Vanillezucker schaumig rühren. Butter, Eiweißpulver, Mascarpone, Vanille und Zimt unter Rühren zugeben. Ebenfalls unter Rühren die Milch nach und nach zugeben. Dann den Quark unterschlagen. Den Eischnee unterheben.

7. Die Crêpes jeweils in 5 cm breite Streifen schneiden. Die Auflaufform mit einer Schicht Crêpestreifen auslegen. Darauf ein Drittel der Quarkcreme verstreichen und gleichmäßig mit der Hälfte der Heidelbeeren bestreuen. Mit einer weiteren Schicht Crêpestreifen bedecken, diese mit der Erdbeersauce bestreichen. Mit Crêpestreifen bedecken, mit der Hälfte der übrigen Quarkcreme bestreichen und die Heidelbeeren darauf verteilen. Darauf wieder Crêpestreifen und schließlich Quarkcreme verteilen. Mit Mandelblättchen bestreuen.

6. Die Lasagne im Ofen (Mitte) 35–40 Minuten backen. Die Ofentür währenddessen nicht öffnen!

1 Portion (185 g): 270 kcal, 18 g (27 E%) Eiweiß, 17 g (58 E%) Fett, 10 g (15 E%) Kohlenhydrate. Die Kohlenhydratdichte mit 5,4 g pro 100 g liegt im niedrigen Bereich.

Zubereitungszeit: 40 Minuten
Backzeit: ca. 40 Minuten
Schwierigkeitsgrad: mittel

Fruchtiges Schaumgratin

2 Portionen

- je 30 g helle und dunkle kernlose Trauben
- 50 g rote Früchte (z. B. Himbeeren, frisch oder TK)
- 2 Eier + 1 Eiweiß, Salz
- 4 TL Puderzucker
- 100 g Magerquark
- ½ TL gemahlene Vanille
- 10 g gehackte Pistazien
- 1 Tortelett-Auflaufform aus Keramik (ø 12 cm)

1. Den Backofen auf 200° (Umluft 180°) vorheizen. Die Weintrauben und die Beeren waschen. Die Weintrauben quer in Scheibchen schneiden. Jeweils 1 EL Weintraubenscheibchen und Himbeeren beiseite legen. Den Rest in der Auflaufform verteilen.

2. Die Eier trennen. 1 Eiweiß mit 1 Prise Salz halbsteif schlagen. 1 TL Puderzucker einrieseln lassen und steif schlagen. Kühl stellen. 2 Eiweiße mit einer Prise Salz im warmen Wasserbad steif schlagen.

3. Die Eigelbe mit 3 TL Puderzucker schaumig schlagen. Quark und Vanille unterrühren. Den warm geschlagenen Eischnee unterheben.

4. Den Teig auf die Früchte in der Form gießen. Mit Trauben und Himbeeren belegen. Den gekühlten Eischnee obenauf geben. Im Ofen (Mitte) 15–20 Minuten backen. Mit den Pistazien bestreuen und servieren.

1 Portion (180 g): 240 kcal, 18 g (28 E%) Eiweiß, 10 g (48 E%) Fett, 16 g (24 E%) Kohlenhydrate. Die Kohlenhydratdichte mit 8,9 g pro 100 g liegt im niedrigen Bereich.

Zubereitungszeit: 15 Minuten
Backzeit: ca. 20 Minuten
Schwierigkeitsgrad: einfach

SEITE 51

LOGI-Brötchen

8 Stück

- 2 Eier, Salz
- ¼ TL Zitronensaft
- 50 g Weizenkleie
- 50 g geschroteter Leinsamen
- 50 g Eiweißpulver (neutral)
- 1 TL Backpulver
- 250 g Quark (20 % Fett i. Tr.)

1. Die Eier trennen. Die Eiweiße mit 1 Prise Salz und dem Zitronensaft steif schlagen. Kleie, Leinsamen, Eiweißpulver, Backpulver und 1 TL Salz mischen.

2. Die Eigelbe und den Quark cremig rühren. Den Kleiemix unter Rühren zugeben. Den Eischnee vorsichtig unterheben und den Teig 10 Minuten ruhen lassen.

3. Währenddessen den Backofen auf 200° (Umluft 180°) vorheizen. Das Backblech mit Backpapier belegen.

4. Aus dem Teig 8 Brötchen gleicher Größe formen. Auf der Oberseite kreuzweise einschneiden. Im Ofen (Mitte) 25–30 Minuten backen.

Kohlenhydrat-Spareffekt: Mit einem LOGI-Brötchen sparen Sie im Vergleich zu einem Weizenbrötchen 23 g Kohlenhydrate ein!

1 Brötchen (65 g): 160 kcal, 21 g (54 E%) Eiweiß, 6 g (35 E%) Fett, 5 g (11 E%) Kohlenhydrate. Die Kohlenhydratdichte mit 7,7 g pro 100 g liegt im niedrigen Bereich.

Zubereitungszeit: 25 Minuten
Backzeit: ca. 30 Minuten
Schwierigkeitsgrad: einfach

Pizzabrot

Ergibt 8 Stücke

- **80 g Eiweißpulver** (neutral)
- **1 Päckchen Backpulver**
- **½ TL Salz**
- **3 Eier**
- **50 g weiche Butter**
- **125 g Magerquark**
- **Butter und Mehl für die Form**
- **Pizzaform** (ø 28 cm)

1. Den Backofen auf 200° (Umluft 180°) vorheizen. Die Pizzaform mit Butter einfetten und mit etwas Mehl bestäuben. Eiweißpulver, Backpulver und Salz mischen.

2. Eier, Butter und Quark cremig rühren. Die Eiercreme auf die Eiweißmischung geben. Alles zu einem glatten Teig kneten. Den Teig in der Pizzaform ausrollen.

3. Im Ofen (Mitte) 10–15 Minuten backen. Warm oder kalt in 8 Stücke teilen und servieren.

Kohlenhydrat-Spareffekt: Mit einem Stück dieses Pizzabrots sparen Sie gegenüber einem Stück italienischem Pizzabrot aus Weizenmehl 20 g Kohlenhydrate ein.

1 Stück (50 g): 130 kcal, 13 g (41 E%) Eiweiß, 8 g (57 E%) Fett, 2 g (2 E%) Kohlenhydrate. Die Kohlenhydratdichte mit 4 g pro 100 g liegt im niedrigen Bereich.

Zubereitungszeit: 15 Minuten
Backzeit: ca. 15 Minuten
Schwierigkeitsgrad: einfach

Fruchtige Nussstangen

6 Stück

- 20 g Sultaninen
- 15 g gehackte Mandeln
- 15 g gehackte Walnüsse
- 15 g gehackte Haselnüsse
- 20 g weißer Sesam
- 35 g Sojaflocken
- 10 g Eiweißpulver (neutral)
- 2 Eier, Salz
- Backöl Bittermandel
- evtl. Flüssigsüßstoff oder Stevia Fluid nach Geschmack

1. Den Backofen auf 150° (Umluft 130°) vorheizen. Das Backblech mit Backpapier belegen. Die Sultaninen in feine Streifen schneiden. Mandeln, Walnüsse, Haselnüsse, Sesam, Sojaflocken und Eiweißpulver mischen.

2. Die Eier mit 1 Prise Salz und 5–8 Tropfen Backöl verquirlen. Mit der Nussmischung zu einer homogenen, zähen Masse verrühren. 10 Minuten ruhen lassen.

3. Den Nussteig zu einem etwa 1 cm hohen Rechteck in der Mitte des Backblechs verstreichen. Im Ofen (Mitte) 30–40 Minuten backen. Abkühlen lassen. Mit einem scharfen, glatten Messer in 6 Stangen schneiden.

1 Stange (40 g): 130 kcal, 8 g (23 E%) Eiweiß, 10 g (65 E%) Fett, 4 g (12 E%) Kohlenhydrate. Die Kohlenhydratdichte mit 10 g pro 100 g liegt im niedrigen Bereich.

Zubereitungszeit: 20 Minuten
Backzeit: ca. 40 Minuten
Schwierigkeitsgrad: einfach

Mandel-Möhren-Brot

Ergibt 12 Scheiben

- 125 g Möhren, Salz
- 40 g gemahlene, blanchierte Mandeln
- 130 g Mandelmehl
- 25 g Weizenmehl
- 1 TL Johannisbrotkernmehl
- 1 TL Backpulver
- 2 Eier
- 20 ml Milch
- 2 EL Olivenöl

1. Die Möhren putzen, fein raspeln und in ein Sieb geben. Mit 1 Prise Salz bestreuen und 10 Minuten abtropfen lassen. Mandeln, Mandelmehl, Weizenmehl, Johannisbrotkernmehl, Backpulver und ½ TL Salz mischen.

2. Den Backofen auf 180° (Umluft 160°) vorheizen. Das Backblech mit Backpapier belegen. Die Möhren mit den Händen kräftig ausdrücken, noch kurz abtropfen lassen.

3. Die Eier mit Milch und Öl verquirlen. Die Möhren unterziehen. Unter Rühren die Mandelmischung zugeben, alles zu einem glatten Teig verkneten.

4. Den Teig auf dem Blech zu einem Laib formen und die Oberfläche mit 1–2 EL Wasser benetzen. Im Ofen (Mitte) 35–40 Minuten backen. Anschließend gut auskühlen lassen.

Kohlenhydrat-Spareffekt: Mit einer Scheibe Mandel-Möhren-Brot sparen Sie gegenüber einer Scheibe herkömmlichem Vollkornbrot rund 10 g Kohlenhydrate ein.

Tipp: Würzen Sie das Brot auch einmal mit 3 ½ TL Brotgewürz (gemahlen) oder 2 TL getrockneten Kräutern. Die Gewürze unter den Mandelmix mischen.

1 Scheibe (40 g): 90 kcal, 6 g (28 E%) Eiweiß, 6 g (59 E%) Fett, 3 g (13 E%) Kohlenhydrate. Die Kohlenhydratdichte mit 7,5 g pro 100 g liegt im niedrigen Bereich.

Zubereitungszeit: 15 Minuten
Backzeit: ca. 40 Minuten
Schwierigkeitsgrad: einfach

SEITE 57

Knäckebrot

Ergibt 4 Scheiben

- ▶ 2 EL gemahlener, geschroteter Leinsamen
- ▶ 2 EL Haferkleie
- ▶ 1 TL Rapsöl

Küchenhelfer: Mikrowelle

1. Leinsamen und Haferkleie mit 3 EL Wasser verrühren. 3–5 Minuten quellen lassen. Einen großen, flachen Teller mit Backpapier belegen und dieses mit dem Öl bepinseln.

2. Die Knäckebrotmasse zu 4 ganz dünnen Scheiben auf dem Backpapier verstreichen. Am besten mit angefeuchteten Fingern oder einem feuchten Löffel flach andrücken. Für 3–5 Minuten in der Mikrowelle auf höchster Stufe erhitzen.

Kohlenhydrat-Spareffekt: Mit einer Scheibe dieses Knäckebrots sparen Sie gegenüber einer Scheibe klassischem Knäckebrot 8 g Kohlenhydrate ein.

1 Scheibe (15 g): 55 kcal, 3 g (19 E%) Eiweiß, 4 g (59 E%) Fett, 3 g (22 E%) Kohlenhydrate. Die Kohlenhydratdichte mit 20 g pro 100 g liegt im mittleren Bereich.

Zubereitungszeit: 10 Minuten
Mikrowelle: 3–5 Minuten
Schwierigkeitsgrad: einfach

Käse-Knäckebrot

Ergibt 4 Scheiben

- **1 Zweig Rosmarin oder Thymian**
- **2 EL gemahlener, geschroteter Leinsamen**
- **2 EL weiße Sesamsaat**
- **1 TL Rapsöl**
- **1 TL geriebener Parmesan**

Küchenhelfer: Mikrowelle

1. Die Rosmarinblättchen abzupfen. Mit Leinsamen, Sesam und 2 EL Wasser verrühren. 3–5 Minuten quellen lassen. Einen großen, flachen Teller mit Backpapier belegen und dieses mit dem Öl bepinseln.

2. Die Knäckebrotmasse zu 4 ganz dünnen Scheiben auf dem Backpapier verstreichen. Am besten mit angefeuchteten Fingern oder einem feuchten Löffel flach andrücken. Gleichmäßig mit Parmesan bestreuen. Für 3–5 Minuten in der Mikrowelle auf höchster Stufe erhitzen.

Kohlenhydrat-Spareffekt: Mit einer Scheibe dieses Knäckebrots sparen Sie gegenüber einer Scheibe klassischem Knäckebrot 8 g Kohlenhydrate ein.

1 Scheibe (15 g): 60 kcal, 4 g (24 E%) Eiweiß, 4 g (62 E%) Fett, 3 g (14 E%) Kohlenhydrate. Die Kohlenhydratdichte mit 20 g pro 100 g liegt im mittleren Bereich.

Zubereitungszeit: 10 Minuten
Mikrowelle: 3–5 Minuten
Schwierigkeitsgrad: einfach

LOGIsche Pizza

4 Portionen

- **80 g Eiweißpulver** (neutral)
- **1 Päckchen Backpulver**
- **3 Eier, Salz**
- **50 g weiche Butter**
- **125 g Magerquark**
- **2 EL Olivenöl**
- **1 Zweig Rosmarin**
- **1 Zweig Thymian**
- **100 g Cocktailtomaten**
- **4 Scheiben Parmaschinken**
- **20 g Rucola**
- **Pizzaform** (ø 28 cm)

1. Den Backofen auf 200° (Umluft 180°) vorheizen. Die Pizzaform mit Butter einfetten und mit etwas Mehl bestäuben. Eiweißpulver, Backpulver und etwas Salz mischen.

2. Eier, Butter und Quark cremig rühren. Die Eiercreme auf die Eiweißmischung geben. Alles zu einem glatten Teig verkneten. Den Teig in der Pizzaform ausrollen und mit dem Öl bestreichen.

3. Rosmarin- und Thymianblättchen abzupfen. Die Tomaten waschen, trocken tupfen, halbieren und auf der Pizza verteilen. Mit den Kräutern bestreuen und mit dem Schinken belegen.

4. Im Ofen (Mitte) 10–15 Minuten backen. Währenddessen den Rucola waschen, trocken schütteln, die dicken Stiele abschneiden. Auf der frisch gebackenen Pizza verteilen und sofort servieren.

1 Portion (170 g): 340 kcal, 32 g (37 E%) Eiweiß, 22 g (57 E%) Fett, 6 g (6 E%) Kohlenhydrate. Die Kohlenhydratdichte mit 3,5 g pro 100 g liegt im niedrigen Bereich.

Zubereitungszeit: 15 Minuten
Backzeit: ca. 15 Minuten
Schwierigkeitsgrad: einfach

SEITE 61

Rosinenbrötchen

6 Stück

- 4 EL gemahlene, blanchierte Mandeln
- 2 EL Eiweißpulver (neutral)
- ½ TL Backpulver
- ½ TL Johannisbrotkernmehl
- 20 g Rosinen
- 2 Eier, Salz
- 200 g Quark (20 % Fett i. Tr.)
- evtl. Flüssigsüßstoff oder Stevia Fluid nach Bedarf

1. Den Backofen auf 180° (Umluft 160°) vorheizen. Das Backblech mit Backpapier belegen. Mandeln, Eiweißpulver, Backpulver und Johannisbrotkernmehl mischen. Die Sultaninen halbieren und untermischen.

2. Die Eier mit 1 Prise Salz, Quark und bei Bedarf bis zu 1 TL Flüssigsüßstoff oder 3 Tropfen Stevia Fluid verquirlen. Unter Rühren die Mandelmischung zugeben und alles zu einem glatten Teig verkneten.

3. Aus dem Teig 6 Brötchen gleicher Größe formen und auf das Backblech setzen. Im Ofen (Mitte) 15–20 Minuten backen und anschließend abkühlen lassen.

Kohlenhydrat-Spareffekt: Mit einem dieser Rosinenbrötchen sparen Sie gegenüber einem klassischen Rosinenbrötchen vom Bäcker 33 g Kohlenhydrate ein.

1 Brötchen (70 g): 100 kcal, 10 g (41 E%) Eiweiß, 5 g (47 E%) Fett, 4 g (12 E%) Kohlenhydrate. Die Kohlenhydratdichte mit 5,7 g pro 100 g liegt im niedrigen Bereich.

Zubereitungszeit: 10 Minuten
Backzeit: ca. 20 Minuten
Schwierigkeitsgrad: einfach

Ballaststoffbrot

Ergibt 12 Scheiben

- 75 g Möhren
- 100 g gemahlene, blanchierte Mandeln
- 30 g Weizenmehl
- 30 g Eiweißpulver (neutral)
- 25 g Weizenkleie
- 20 g geschroteter Leinsamen
- 1 schwach gehäufter TL Brotgewürz (gemahlen)
- ½ TL Salz
- ½ TL Zucker
- ½ Päckchen Trockenhefe
- 1 kleines Ei

1. Die Möhren putzen und sehr fein raspeln. Mandeln, Mehl, Eiweißpulver, Weizenkleie, Leinsamen, Brotgewürz, Salz, Zucker und Trockenhefe gut mischen.

2. Das Ei verquirlen. Möhren und Ei sowie nach und nach 70 ml lauwarmes Wasser unter die Mandelmischung kneten. Den Teig abdecken und an einem warmen Ort 2 Stunden gehen lassen.

3. Gegen Ende der Ruhezeit den Backofen auf 200° (180° Umluft) vorheizen. Das Backblech mit Backpapier belegen. Das Brot auf dem Blech zu einem Laib formen und die Oberfläche mit Wasser benetzen.

4. Im Ofen (Mitte) 10 Minuten backen. Die Backtemperatur auf 180° (Umluft 160°) reduzieren und das Brot in rund 40 Minuten fertig backen.

Kohlenhydrat-Spareffekt: Mit einer Scheibe dieses Ballaststoffbrots sparen Sie gegenüber einer Scheibe klassischem Vollkornbrot 12 g Kohlenhydrate ein.

1 Scheibe (35 g): 85 kcal, 5 g (25 E%) Eiweiß, 6 g (60 E%) Fett, 3 g (15 E%) Kohlenhydrate. Die Kohlenhydratdichte mit 10 g pro 100 g liegt im niedrigen Bereich.

Zubereitungszeit: 10 Minuten
Ruhezeit: 2 Stunden
Backzeit: ca. 50 Minuten
Schwierigkeitsgrad: mittel

Pistaziencracker

6 Stück

- 1 Zweig Thymian
- 25 g Pistazien
- 15 g gemahlene, blanchierte Mandeln
- 1 gestrichener TL geriebener Parmesan
- 2 TL rote Pfefferbeeren
- 1 Eigelb
- ½ TL Salz
- schwarzer Pfeffer

1. Den Backofen auf 200° (Umluft 180°) vorheizen. Das Backblech mit Backpapier belegen. Den Thymian waschen und abzupfen. Die Pistazien fein hacken.

2. Mandeln, Thymian, Pistazien, Parmesan und die Pfefferbeeren gut mischen. Das Eigelb mit ½ TL Salz und etwas Pfeffer verquirlen. Mit der Mandelmischung zu einem glatten Teig verkneten.

3. 6 esslöffelgroße Portionen Teig auf das Blech setzen und flach drücken. Im Ofen (Mitte) 10–12 Minuten backen. Anschließend auskühlen lassen.

Kohlenhydrat-Spareffekt: Mit einem Pistaziencracker sparen Sie gegenüber einem Weizencracker 8 g Kohlenhydrate ein.

1 Kräcker (12 g): 45 kcal, 2 g (12 E%) Eiweiß, 4 g (83 E%) Fett, < 1 g (5 E%) Kohlenhydrate. Die Kohlenhydratdichte mit 8 g pro 100 g liegt im niedrigen Bereich.

Zubereitungszeit: 10 Minuten
Backzeit: ca. 12 Minuten
Schwierigkeitsgrad: einfach

SEITE 65

Piniencracker

6 Stück

- 1 Zweig Rosmarin
- 25 g Pinienkerne
- 1 leicht gehäufter TL geraspelter Parmesan
- 1 Eigelb
- ½ TL Salz
- schwarzer Pfeffer

Küchenhelfer: Multi-Zerkleinerer

1. Den Backofen auf 200° (Umluft 180°) vorheizen. Das Backblech mit Backpapier belegen. Die Rosmarinnadeln abzupfen. Zusammen mit den Pinienkernen fein hacken.

2. Rosmarin, Pinienkerne und Parmesan gut mischen. Das Eigelb mit ½ TL Salz und etwas Pfeffer verquirlen. Zu einem glatten Teig verkneten.

3. 6 esslöffelgroße Portionen Teig auf das Blech setzen und flach drücken. Im Ofen (Mitte) etwa 10 Minuten backen. Anschließend auskühlen lassen.

Kohlenhydrat-Spareffekt: Mit einem Piniencracker sparen Sie gegenüber einem Weizencracker 7 g Kohlenhydrate ein.

1 Cracker (10 g): 40 kcal, 2 g (20 E%) Eiweiß, 4 g (75 E%) Fett, <1 g (5 E%) Kohlenhydrate. Die Kohlenhydratdichte mit 10 g pro 100 g liegt im niedrigen Bereich.

Zubereitungszeit: 10 Minuten
Backzeit: ca. 10 Minuten
Schwierigkeitsgrad: einfach

Gewürzstangen

8 Stück

- **100 g gemahlene, blanchierte Mandeln**
- **10 g Brotgewürz, ganze Körner** (Fenchel, Kümmel, Anis, Koriander)
- **1 Ei**
- **50 g Frischkäse** (12 % Fett)
- **½ TL Salz**

1. Den Backofen auf 170° (Umluft 150°) vorheizen. Das Backblech mit Backpapier belegen. Die Mandeln mit dem Brotgewürz mischen.

2. Das Ei mit dem Frischkäse glatt rühren. Die Mandeln gleichmäßig unterkneten. Den Teig auf dem Backpapier in der Mitte des Backblechs zu einem etwa 16 cm breiten Rechteck ausrollen.

3. Im Ofen (Mitte) etwa 15 Minuten backen und anschließend abkühlen lassen. Dann mit einem scharfen, glatten Messer in 8 daumenbreite Stangen scheiden.

1 Stange (25 g): 95 kcal, 4 g (17 E%) Eiweiß, 8 g (79 E%) Fett, 1 g (4 E%) Kohlenhydrate. Die Kohlenhydratdichte mit 2,5 g pro 100 g liegt im niedrigen Bereich.

Zubereitungszeit: 15 Minuten
Backzeit: ca. 15 Minuten
Schwierigkeitsgrad: einfach

Quarkmousse auf Rotweinzwetschgen

2 Portionen

- 8 Zwetschgen
- 1 TL Butter
- 50 ml lieblicher Rotwein
- 1 EL Orangensaft
- 1 TL Honig
- ½ TL Zimt
- 1 Gewürznelke
- ½ TL Johannisbrotkernmehl
- 1 Eiweiß, Salz
- 150 g Magerquark
- 1 EL Mineralwasser
- 1 TL Zitronensaft
- 1 TL Balsamicocreme
- evtl. Flüssigsüßstoff oder Stevia Fluid nach Bedarf

1. Die Zwetschgen waschen, halbieren und entsteinen. In einem Topf die Butter zerlassen. Die Zwetschgen darin andünsten. Mit Wein und Orangensaft ablöschen. Honig, Zimt und Nelke zufügen und etwa 15 Minuten bei schwacher Hitze offen einköcheln lassen.

2. Die Nelke herausnehmen. Das Johannisbrotkernmehl unter ständigem Rühren zugeben. Den Topf von der heißen Platte nehmen und die Rotweinzwetschgen abkühlen lassen. Anschließend auf 2 Cocktailgläser verteilen.

3. Das Eiweiß mit 1 Prise Salz und 1 Spritzer Zitronensaft steif schlagen. Quark, Mineralwasser und 1 TL Zitronensaft cremig rühren. Bei Bedarf mit 1 Tropfen Flüssigsüßstoff oder etwas Honig abschmecken. Den Eischnee unterheben.

4. Die Quarkmousse auf die Rotweinzwetschgen geben und mit Balsamicocreme beträufeln.

1 Portion (185 g): 160 kcal, 13 g (33 E%) Eiweiß, 4 g (27 E%) Fett, 12 g (31 E%) Kohlenhydrate und 2 g (9 E%) Alkohol. Die Kohlenhydratdichte mit 6,5 g pro 100 g liegt im niedrigen Bereich.

Zubereitungszeit: 20 Minuten
Schwierigkeitsgrad: einfach

Ricottamousse mit Orangengelee

2 Portionen

- 3 Blatt weiße Gelatine
- 1 unbehandelte Orange
- 150 g Ricotta
- 1 TL Eierlikör
- 2 schwach gehäufte TL Puderzucker
- 80 g Sahne
- 2 Whiskeygläser

1. 2 Blatt Gelatine 8–10 Minuten in kaltem Wasser einweichen. Die Orange gut waschen, trocken tupfen und die Hälfte der Schale abreiben. Ricotta, Orangenabrieb, Eierlikör und Puderzucker glatt rühren.

2. Die Gelatineblätter leicht ausdrücken und in einem kleinen Topf bei schwacher Hitze erwärmen, bis sich die Gelatine aufgelöst hat. Dann zügig 2 EL Ricottacreme einrühren und diese Mischung sofort unter die Ricottacreme rühren. Kühl stellen.

3. Die Sahne steif schlagen. Wenn die Ricottacreme zu gelieren beginnt, die Sahne unterheben. Die Creme auf 2 Whiskeygläser verteilen, die Oberfläche glatt streichen. Im Kühlschrank 1 Stunde erstarren lassen.

4. Nach etwa 1 Stunde 1 Blatt Gelatine 8–10 Minuten in kaltem Wasser einweichen. Den Saft von ½ Orange auspressen. Die Gelatine wie beschrieben ausdrücken, auflösen und dann mit 3 EL Orangensaft verrühren. Etwas abkühlen lassen und je einen dünnen Spiegel auf die Ricottamousse gießen. Im Kühlschrank für weitere 2 Stunden kühlen.

1 Portion (135 g): 250 kcal, 7 g (11 E%) Eiweiß, 21 g (74 E%) Fett, 9 g (15 E%) Kohlenhydrate. Die Kohlenhydratdichte mit 6,7 g pro 100 g liegt im niedrigen Bereich.

Zubereitungszeit: 20 Minuten
Kühlzeit: 3 Stunden
Schwierigkeitsgrad: einfach

Haselnussnocken auf heißen Kirschen

2 Portionen

- 40 g geschälte Haselnüsse
- 100 ml fettarme Milch (1,5 % Fett)
- Mark von 1 Vanilleschote
- 2 Blatt weiße Gelatine
- 1 Ei, Salz
- 1 TL Zucker
- 100 g Magerquark
- 100 g Sauerkirschen (ungezuckert aus dem Glas)
- 1 TL Portwein
- ½ TL Johannisbrotkernmehl

1. Den Backofen auf 175° (Oberhitze) vorheizen. Die Haselnusskerne darin 10–15 Minuten rösten. Anschließend abkühlen lassen und fein mahlen.

2. Die Milch in einem kleinen Topf erwärmen. Die gemahlenen Nüsse und das Vanillemark unterrühren und 6–8 Minuten leise köcheln lassen. Dabei gelegentlich umrühren. Die Haselnussmilch abkühlen lassen, dann durch ein feines Sieb gießen und erkalten lassen.

3. Währenddessen die Gelatine 8–10 Minuten in kaltem Wasser einweichen. Das Ei trennen. Eigelb und Zucker in einer Metallschüssel im warmen Wasserbad dickcremig aufschlagen.

4. Die Gelatineblätter leicht ausdrücken und in einem kleinen Topf bei schwacher Hitze erwärmen, bis sich die Gelatine aufgelöst hat. Dann zügig 2 EL Eiercreme einrühren und diese Mischung sofort unter die Eiercreme rühren. Die kalte Haselnussmilch unter Rühren zugeben. Kühl stellen.

5. Sobald die Creme zu gelieren beginnt, das Eiweiß mit 1 Prise Salz sehr steif schlagen. Den Quark unter die Haselnusscreme heben und den Eischnee unterziehen. Mindestens 3 Stunden kalt stellen.

6. Vor dem Servieren die Kirschen abtropfen lassen, dabei den Saft auffangen. Kirschen, 3 EL Kirschsaft und den Portwein erwärmen. Das Johannisbrotkernmehl unter ständigem Rühren zugeben. Einmal kurz aufkochen lassen. Die heißen Kirschen auf 2 Dessertteller verteilen. Mit einem Löffel Nocken vom Nussmousse abstechen und auf die heißen Kirschen setzen.

1 Portion (205 g): 290 kcal, 15 g (21 E%) Eiweiß, 17 g (51 E%) Fett, 19 g (27 E%) Kohlenhydrate und <1 g (1 E%) Alkohol. Die Kohlenhydratdichte mit 9,3 g pro 100 g liegt im niedrigen Bereich.

Zubereitungszeit: 50 Minuten
Kühlzeit: 3 Stunden
Schwierigkeitsgrad: mittel

Schwarzwälder Kirschbecher

2 Portionen

Für den Teig:
- 1 EL Schattenmorellen (ungezuckert aus dem Glas)
- 50 g gemahlene Haselnüsse
- 10 g gehackte Haselnüsse
- ½ TL Backpulver
- 1 TL dunkles Kakaopulver
- 1 Ei, Salz
- 1 TL Zucker
- 10 g weiche Butter
- 10 g Haselnussmus
- 1 TL Kirschwasser

Für die Creme:
- 1 Blatt weiße Gelatine
- 70 g Vollmilchjoghurt (3,5 % Fett)
- 50 g Magerquark
- ½ TL gemahlene Vanille oder Mark von 1 Vanilleschote
- 4 EL Schattenmorellen + 2 EL Kirschsaft (ungezuckert aus dem Glas)
- etwas Vanillearoma
- 1 EL Kirschwasser
- ½ TL Johannisbrotkernmehl
- 50 g Sahne
- 1 TL Schokoraspel
- 1 Dessertring (ø 7 cm)
- 2 Whiskeygläser (ø 8 cm)

1. Den Backofen auf 180° (Umluft 160°) vorheizen. Das Backblech mit Backpapier belegen. 1 EL Schattenmorellen abtropfen lassen, dabei den Saft auffangen. Die Kirschen fein würfeln. Gemahlene und gehackte Nüsse, Backpulver und Kakaopulver gut mischen.

2. Das Ei trennen. Das Eiweiß mit 1 Prise Salz steif schlagen. Das Eigelb mit dem Zucker cremig rühren. Butter und Haselnussmus unterrühren. Nach und nach die Nussmischung einrühren. Die Kirschwürfel unterziehen, dann den Eischnee unterheben.

3. Den Nussteig auf dem Backpapier zu einem Rechteck von 8 × 20 cm verstreichen. Im Ofen (Mitte) 20–30 Minuten backen. Etwas abkühlen lassen. Aus dem noch warmen Teig mit dem Dessertring 2 Kreise ausstechen. Mit Kirschwasser beträufeln und abkühlen lassen.

4. Währenddessen für die Creme die Gelatine 8–10 Minuten in kaltem Wasser einweichen. Joghurt, Quark und Vanille glatt rühren. Das Gelatineblatt leicht ausdrücken und in einem kleinen Topf bei schwacher Hitze erwärmen, bis sich die Gelatine aufgelöst hat. Dann zügig 2 EL Quarkcreme einrühren und diese Mischung sofort unter die Quarkcreme rühren.

5. Die Teigkreise jeweils in ein Glas legen, die Creme darauf verteilen. Im Kühlschrank mindestens 1 Stunde erstarren lassen.

6. Nach etwa 30 Minuten Kühlzeit 4 EL Schattenmorellen mit 2 EL Kirschsaft und 1 EL Kirschwasser erhitzen. Das Johannisbrotkernmehl unter ständigem Rühren zugeben. Einmal kurz aufkochen lassen. Die Kirschen gut abkühlen lassen. Erst dann je die Hälfte auf die gelierende Quarkcreme geben. Erneut mindestens 1 Stunde kalt stellen.

7. Vor dem Servieren die Sahne steif schlagen. Die Schwarzwälder Kirschbecher jeweils mit einer Sahnehaube garnieren und mit Schokoraspel bestreuen.

1 Portion (220 g): 465 kcal, 13 g (11 E%) Eiweiß, 34 g (65 E%) Fett, 24 g (21 E%) Kohlenhydrate und 2 g (3 E%) Alkohol. Die Kohlenhydratdichte mit 10,9 g pro 100 g liegt im niedrigen Bereich.

Zubereitungszeit: 45 Minuten
Backzeit: ca. 30 Minuten
Kühlzeit: 2 Stunden
Schwierigkeitsgrad: mittel

Mango-Heidelbeer-Trifle

2 Portionen

- 3 Thymianzweige (halb getrocknet)
- 80 g Mango (geschält gewogen)
- 3 EL Orangensaft
- ½ TL geriebener Ingwer
- ½ TL gemahlene Vanille
- ½ TL Johannisbrotkernmehl
- 80 g frische Heidelbeeren (ersatzweise Himbeeren)
- 50 g Mascarpone
- 60 g Vollmilchjoghurt (3,5 % Fett)
- ¼ TL Zimt
- 1 TL Puderzucker
- 80 g Sahne
- 1 TL dunkles Kakaopulver
- 2 Whiskeygläser

1. Von einem Zweig die Thymianblättchen abzupfen. Das Mangofruchtfleisch sehr klein würfeln und in einem Topf mit 2 EL Orangensaft, 3 EL Wasser, den Thymianblättchen, Ingwer und ¼ TL Vanille aufkochen. Das Johannisbrotkernmehl unter ständigem Rühren zugeben. Das Kompott bei schwacher Hitze offen dicklich einkochen lassen. Gegebenenfalls hin und wieder wenig Wasser nachgießen, damit nichts am Topfboden klebt. Erkalten lassen.

2. Inzwischen die Heidelbeeren verlesen, waschen und abtropfen lassen. Den Mascarpone mit 1 EL Orangensaft, Joghurt, Zimt, ¼ TL Vanille und dem Puderzucker glatt rühren.

3. Die Sahne steif schlagen und unter die Mascarponecreme heben. Die Hälfte der Creme beiseite stellen. Die andere Hälfte mit Kakaopulver verrühren.

4. In die Whiskeygläser jeweils zuerst die Hälfte des Mangokompotts füllen. Darauf jeweils dunkle Mascarponecreme schichten, dann Heidelbeeren und obenauf die helle Mascarponecreme. Jedes Trifle mit 1 Thymianzweig garnieren.

1 Portion (195 g): 295 kcal, 4 g (6 E%) Eiweiß, 25 g (73 E%) Fett, 15 g (21 E%) Kohlenhydrate. Die Kohlenhydratdichte mit 7,7 g pro 100 g liegt im niedrigen Bereich.

Zubereitungszeit: 20 Minuten
Schwierigkeitsgrad: einfach

SEITE 75

Orangencocktail mit Zabaione

2 Portionen

- 1 Orange
- 2 TL Pistazien
- Zitronensaft
- 2 Eigelbe
- 1 TL Zucker
- 1 TL Vanillezucker
- ½ TL Zimt
- 2 EL Marsalawein oder Eierlikör

Küchenhelfer: Handrührgerät

1. Die Orange mitsamt der weißen Haut schälen und filetieren. Die Pistazien fein hacken. Mit den Orangenfilets und wenigen Tropfen Zitronensaft mischen. Auf 2 Cocktailgläser verteilen. Kühl stellen.

2. In einem Topf Wasser erhitzen, aber nicht kochen lassen. Für die Zabaione Eigelbe, Zucker, Vanillezucker und Zimt in einer Metallschüssel cremig rühren. Dann die Schüssel ins Wasserbad hängen und die Creme in 10 Minuten mit einem Handrührgerät oder Schwingbesen dickschaumig und fast weiß aufschlagen. Gegen Ende den Marsalawein unter Rühren in dünnem Strahl zugießen.

3. Anschließend die Schüssel in ein kaltes Wasserbad stellen und weiterschlagen, bis die Creme abgekühlt ist. Die Zabaione auf die Orangencocktails verteilen.

1 Portion (120 g): 205 kcal, 6 g (12 E%) Eiweiß, 12 g (50 E%) Fett, 16 g (33 E%) Kohlenhydrate und 1 g (5 E%) Alkohol. Die Kohlenhydratdichte mit 13,3 g pro 100 g liegt im mittleren Bereich.

Zubereitungszeit: 20 Minuten
Schwierigkeitsgrad: mittel

Exotische Kokosterrine

8 Portionen

- 5 Blatt weiße Gelatine
- 3 EL Kokosraspel
- 150 Mango (geschält gewogen)
- 1 EL Kokoscreme
- 1 EL Kokoslikör
- 1 EL Puderzucker
- 200 g saure Sahne
- 300 g Vollmilchjoghurt (3,5 % Fett)
- Kokosraspel zum Bestreuen
- 1 Kastenform (750 ml Inhalt)

Küchenhelfer: Handrührgerät

1. Die Gelatine 8–10 Minuten in kaltem Wasser einweichen. Die Kokosraspel mit Wasser bedecken und 10 Minuten einweichen. 60 g Mangofruchtfleisch pürieren. Das übrige Fruchtfleisch in 1 cm große Würfel schneiden.

2. Die Kokoscreme mit 1–2 EL Wasser cremig rühren. Kokosraspel in ein Sieb geben und abtropfen lassen. Dann mit Kokoslikör, Puderzucker und der Kokoscreme verrühren. Zunächst Sahne und Joghurt, dann das Mangopüree unterrühren.

3. Die Gelatineblätter leicht ausdrücken und in einem kleinen Topf bei schwacher Hitze erwärmen, bis sich die Gelatine aufgelöst hat. Dann zügig 2 EL der Kokoscreme einrühren und diese Mischung sofort unter die Kokoscreme rühren.

4. Die Kastenform mit Frischhaltefolie auslegen. Die Hälfte der Creme eingießen und glatt streichen. Die Mangowürfel darauf verteilen. Die restliche Creme obenauf verstreichen. Im Kühlschrank in 2–3 Stunden fest werden lassen. Die Kokosterrine stürzen und in Scheiben schneiden. Mit Kokosraspeln bestreuen.

1 Portion (85 g): 100 kcal, 2 g (12 E%) Eiweiß, 26 g (61 E%) Fett, 7 g (24 E%) Kohlenhydrate und <1 g (3 E%) Alkohol. Die Kohlenhydratdichte mit 8,2 g pro 100 g liegt im niedrigen Bereich.

Zubereitungszeit: 30 Minuten
Kühlzeit: 3 Stunden
Schwierigkeitsgrad: einfach

Nashi-Birnen-Tiramisu

2 Portionen

- 150 ml starker Espresso
- 1 EL Amaretto
- 1 ½ Nashi-Birnen (ersatzweise Birnen)
- 1 Ei
- 1 gestrichener EL Zucker
- 100 g Mascarpone
- 75 g Sahne
- ½ Päckchen Sahnesteif
- 1 TL dunkles Kakaopulver
- 2 Dessertschalen (ø 10 cm)

1. Den Espresso kochen und abkühlen lassen. Inzwischen die Nashi-Birnen schälen, vierteln, entkernen und in dünne Spalten schneiden. In einer flachen Form ausbreiten.

2. Den Amaretto unter den kalten Espresso rühren. Die Nashi-Birnen damit übergießen und 15 Minuten marinieren. Währenddessen das Ei mit dem Zucker cremig rühren. Mit dem Mascarpone verrühren. Die Sahne mit Sahnesteif steif schlagen und unterheben.

3. Die Nashi-Birnen in ein Sieb geben und gut abtropfen lassen. Den Boden der Dessertschalen jeweils mit etwa ein Viertel der Nashi-Birnen bedecken. Darauf jeweils ein Viertel der Mascarponecreme geben. Diese wiederum mit Nashi-Birnen belegen und darauf die restliche Mascarponecreme schichten.

4. Das Nashi-Birnen-Tiramisu hauchdünn mit Kakaopulver bestäuben und mindestens 1 Stunde kühlen.

Kohlenhydrat-Spareffekt: Mit einer Portion Nashi-Birnen-Tiramisu sparen Sie gegenüber einer Portion klassischem Tiramisu 31 g Kohlenhydrate und über 200 kcal ein.

1 Portion (215 g): 420 kcal, 8 g (7 E%) Eiweiß, 36 g (75 E%) Fett, 15 g (15 E%) Kohlenhydrate und 2 g (3 E%) Alkohol. Die Kohlenhydratdichte mit 7 g pro 100 g liegt im niedrigen Bereich.

Zubereitungszeit: 25 Minuten
Kühlzeit: 1 Stunde
Schwierigkeitsgrad: einfach

SEITE 79

Ziegenkäsemousse mit Rhabarber

2 Portionen

- 2 Blatt weiße Gelatine
- ½ unbehandelte Orange
- 100 g Ziegenfrischkäse
- 100 g saure Sahne
- 1 Päckchen Vanillezucker
- ½ TL Zimt
- 75 g Sahne
- 1 Stange Rhabarber
- 1 TL Zitronensaft
- 1 TL brauner Zucker
- ½ TL Johannisbrotkernmehl

1. Die Gelatine 8–10 Minuten in kaltem Wasser einweichen. Die Orange gut waschen, trocken tupfen und die Schale abreiben. Anschließend den Saft auspressen.

2. Den Ziegenfrischkäse mit dem Orangenabrieb und 1 EL Orangensaft, saurer Sahne, Vanillezucker und Zimt gut verrühren.

3. Die Gelatineblätter leicht ausdrücken und in einem kleinen Topf bei schwacher Hitze erwärmen, bis sich die Gelatine aufgelöst hat. Dann zügig 2 EL Ziegenkäsecreme einrühren und diese Mischung sofort unter die restliche Ziegenkäsecreme rühren. Kühl stellen.

4. Die Sahne steif schlagen. Sobald die Creme zu gelieren beginnt, die Sahne gleichmäßig unterziehen. Die Mousse für mindestens 3 Stunden in den Kühlschrank stellen.

5. Währenddessen den Rhabarber waschen, putzen und in 2 cm lange Stücke schneiden. In einem kleinen Topf mit 2 EL Wasser, Zitronensaft und braunem Zucker aufkochen lassen. Bei schwacher Hitze 5–7 Minuten köcheln lassen, bis der Rhabarber weich ist. Abschließend das Johannisbrotkernmehl unter Rühren zugeben. In eine Schüssel umfüllen, abkühlen lassen und kühl stellen.

6. Das Ziegenkäsemousse vor dem Servieren mit einem Löffel oder Eisportionierer zu Nocken formen. Auf dem Rhabarberkompott anrichten.

1 Portion (205 g): 335 kcal, 11 g (13 E%) Eiweiß, 26 g (70 E%) Fett, 14 g (17 E%) Kohlenhydrate. Die Kohlenhydratdichte mit 6,8 g pro 100 g liegt im niedrigen Bereich.

Zubereitungszeit: 40 Minuten
Kühlzeit: 3 Stunden
Schwierigkeitsgrad: einfach

Erfrischende Mango-Zitronen-Creme

2 Portionen

- 4 Blatt weiße Gelatine
- 200 g Mango (geschält gewogen)
- 1 unbehandelte Zitrone
- 125 g Frischkäse (12 % Fett absolut)
- 100 g Sahne

Küchenhelfer: Handrührgerät

1. Die Gelatine 8–10 Minuten in kaltem Wasser einweichen. Die Mango grob würfeln und dann pürieren. Die Zitrone heiß waschen, trocken tupfen und mit einem Zestenreißer dünne Streifen abziehen. Anschließend den Saft der Zitrone auspressen.

2. Den Frischkäse mit Zitronenabrieb und -saft und dem Mangomus cremig rühren. Die Gelatineblätter leicht ausdrücken und in einem kleinen Topf bei schwacher Hitze erwärmen, bis sich die Gelatine aufgelöst hat. Dann zügig 2 EL Mangocreme einrühren und diese Mischung sofort unter die Mangocreme rühren. Kühl stellen.

3. Die Sahne steif schlagen. Sobald die Mangocreme zu gelieren beginnt unterziehen. Für 3–4 Stunden kalt stellen.

1 Portion (225 g): 300 kcal, 10 g (14 E%) Eiweiß, 22 g (66 E%) Fett, 18 g (20 E%) Kohlenhydrate. Die Kohlenhydratdichte mit 8 g pro 100 g liegt im niedrigen Bereich.

Zubereitungszeit: 15 Minuten
Kühlzeit: 3–4 Stunden
Schwierigkeitsgrad: einfach

Bayerische Creme mit Zimtsauce

2 Portionen

- 3 Blatt weiße Gelatine
- 1 Vanilleschote
- 125 ml fettarme Milch (1,5 % Fett)
- 1 Zimtstange
- 2 Eigelbe
- 1 TL Vanillezucker
- flüssiges Vanillearoma
- 75 g Sahne
- 1 EL Butter
- ½ TL Honig
- 1 gestrichener TL Zimt
- 2 Pastetenförmchen (à 150 ml)

1. Die Gelatine 8–10 Minuten in kaltem Wasser einweichen. Die Vanilleschote längs aufschlitzen und das Mark herauskratzen. Milch, Vanillemark und -schote und die Zimtstange in einem kleinen Topf aufkochen lassen. Von der heißen Platte nehmen, 5 Minuten ziehen lassen. Anschließend die Vanilleschote und die Zimtstange herausnehmen.

2. In einem großen Topf Wasser erhitzen, aber nicht kochen lassen. Die Eigelbe mit Vanillezucker und wenigen Tropfen Vanillearoma in einer Metallschüssel cremig rühren. Dann die Schüssel ins warme Wasserbad hängen und die Creme dickschaumig aufschlagen. Dann die Vanillemilch unter Rühren in dünnem Strahl zugießen.

3. Anschließend die Schüssel in ein kaltes Wasserbad stellen und weiterschlagen, bis die Creme abgekühlt ist. Die Gelatineblätter leicht ausdrücken und in einem kleinen Topf bei schwacher Hitze erwärmen, bis sich die Gelatine aufgelöst hat. Dann zügig und unter Rühren zur Creme geben. Kühl stellen.

4. Die Sahne sehr steif schlagen. Sobald die Creme zu gelieren beginnt, die Sahne unterziehen. Die Förmchen mit eiskaltem Wasser ausspülen und je die Hälfte der Creme eingießen. Für mindestens 4 Stunden kalt stellen.

5. Kurz vorm Servieren Butter und Honig zusammen erhitzen. Den Zimt einrühren und 1 Minute bei schwacher Hitze köcheln lassen. Die Förmchen kurz in heißes Wasser tauchen, dann die Creme auf Dessertteller stürzen. Mit der Zimtsauce servieren.

1 Portion (135 g): 270 kcal, 7 g (10 E%) Eiweiß, 25 g (76 E%) Fett, 9 g (14 E%) Kohlenhydrate. Die Kohlenhydratdichte mit 6,7 g pro 100 g liegt im niedrigen Bereich.

Vorbereitung: 45 Minuten
Kühlzeit: 4 Stunden
Schwierigkeitsgrad: mittel

Mousse au Chocolat

6 Portionen

- **25 g Zartbitterschokolade** (65–70% Kakaoanteil)
- **10 g weiche Butter**
- **10 g Haselnussmus** (oder Mandelmus)
- **1 TL Espresso Instantpulver**
- **2 sehr frische Eier, Salz**
- **3 TL Puderzucker** (ca. 10 g)
- **2 TL dunkles Kakaopulver**
- **150 g Sahne**

1. Die Schokolade im warmen Wasserbad mit der Butter und dem Haselnussmus schmelzen lassen. Das Espressopulver in 1 EL heißem Wasser auflösen und in die Nussschokolade rühren.

2. Die Eier trennen. Die Eigelbe mit 2 TL Puderzucker cremig rühren. Das Kakaopulver unterrühren. Die Nussschokolade unter Rühren zugeben.

3. Das Eiweiß mit 1 Prise Salz halbsteif schlagen. Dann den restlichen Puderzucker einrieseln lassen und steif schlagen. Die Sahne steif schlagen. Zuerst die Sahne, dann den Eischnee unter die Schokocreme ziehen. Die Mousse für mindestens 3 Stunden kalt stellen.

Kohlenhydrat-Spareffekt: Mit einer Portion Mousse au Chocolat à la LOGI sparen Sie gegenüber einer Portion herkömmlichen Schokoladenmousse über 60% Kohlenhydrate ein.

1 Portion (60 g): 170 kcal, 5 g (12 E%) Eiweiß, 15 g (76 E%) Fett, 5 g (12 E%) Kohlenhydrate. Die Kohlenhydratdichte mit 8,3 g pro 100 g liegt im niedrigen Bereich.

Zubereitungszeit: 15 Minuten
Kühlzeit: 3 Stunden
Schwierigkeitsgrad: einfach

Panna Cotta

2 Portionen

- 100 g Himbeeren oder Erdbeeren (frisch oder TK)
- 1 Vanilleschote
- 1 unbehandelte Zitrone
- 150 g Sahne
- 125 ml fettarme Milch (1,5 % Fett)
- 10 g Zucker (bei Bedarf Flüssigsüßstoff)
- 2 Blatt weiße Gelatine
- 1 schwach gehäufter EL Puderzucker
- ½ TL gemahlene Vanille
- 1 TL Johannisbrotkernmehl
- 2 Pastetenförmchen (à 150 ml)

Küchenhelfer: Pürierstab

1. Tiefgekühlte Beeren in einem hohen Rührbecher auftauen lassen. Die Vanilleschote längs aufschlitzen und das Mark herauskratzen. Die Zitrone waschen, trocken tupfen und mit einem scharfen Messer ¼ der Zitronenschale in einem Stück dünn abschälen.

2. Sahne, Milch, Vanillemark und -schote, Zitronenschale und Zucker in einem Topf kurz aufkochen lassen. Bei schwacher Hitze 10 Minuten leise köcheln lassen. Dabei gelegentlich umrühren.

3. Inzwischen die Gelatine 8–10 Minuten in kaltem Wasser einweichen. Zitronenschale und Vanilleschote aus der Vanillemilch entfernen. Die Gelatineblätter ausdrücken und in der Vanillemilch unter Rühren auflösen. Diese auf die beiden Förmchen verteilen und für mindestens 3 Stunden kalt stellen.

4. Die Himbeeren pürieren. Mit Puderzucker und gemahlener Vanille zum Kochen bringen und kurz aufkochen lassen. Das Johannisbrotkernmehl unter Rühren zugeben. Bei schwacher Hitze 10 Minuten offen einkochen lassen. Das Beerenpüree abkühlen lassen und dann kühl stellen.

5. Die Förmchen kurz in heißes Wasser tauchen, die Panna Cotta dann auf Desserttellerchen stürzen. Mit dem Beerenpüree servieren.

Kohlenhydrat-Spareffekt: Mit einer Portion dieser LOGIschen Panna Cotta sparen Sie gegenüber einer italienischen Originalvariante 50 % Kohlenhydrate und 180 kcal ein.

1 Portion (200 g): 290 kcal, 7 g (10 E%) Eiweiß, 24 g (69 E%) Fett, 15 g (21 E%) Kohlenhydrate. Die Kohlenhydratdichte mit 7,5 g pro 100 g liegt im niedrigen Bereich.

Zubereitungszeit: 35 Minuten
Kühlzeit: 3 Stunden
Schwierigkeitsgrad: einfach

Waffeln

6 Stück

- 50 g gemahlene, blanchierte Mandeln
- 50 g Eiweißpulver (Vanille)
- 1 TL Backpulver, Salz
- 100 g weiche Butter
- 1 Päckchen Vanillezucker
- 3 Eier
- 150 ml Vollmilch (3,5 % Fett)
- Butter fürs Waffeleisen

Küchenhelfer: Waffeleisen

1. Mandeln, Eiweißpulver, Backpulver und 1 Prise Salz mischen. Die Butter mit dem Vanillezucker schaumig schlagen. Die Eier einzeln unterrühren.

2. Unter Rühren abwechselnd die Mandelmischung und die Milch zugeben. Der Teig sollte reißend vom Löffel fallen.

3. Das Waffeleisen vorheizen, die Backflächen dünn einfetten. Je 2 EL Teig daraufgeben und 6 goldgelbe Waffeln ausbacken.

Serviertipp: Mit wenig Puderzucker bestäuben. Heiße Kirschen und einen Klecks Schlagsahne dazu servieren.

Kohlenhydrat-Spareffekt: Diese LOGI-Waffeln sparen gegenüber einer Originalwaffel, die reichlich Mehl und Zucker enthält, etwa 25 g Kohlenhydrate ein!

1 Waffel (85 g): 200 kcal, 10 g (21 E%) Eiweiß, 17 g (73 E%) Fett, 3 g (6 E%) Kohlenhydrate. Die Kohlenhydratdichte mit 3,8 g pro 100 g liegt im niedrigen Bereich.

Zubereitungszeit: 15 Minuten
Schwierigkeitsgrad: einfach

Sojapfannkuchen mit Apfelmus und Sahne

4 Stück

- 50 g Sojamehl
- ½ TL gemahlene Vanille
- 4 Eier
- 4 TL Zucker
- 60 ml Vollmilch (3,5 % Fett)
- 80 g Sahne
- 20 g Butter
- 4 EL Apfelmus (aus dem Glas)
- 10 g gehackte Pistazien

1. Mehl und Vanille mischen. Die Eier mit dem Zucker cremig rühren. Unter Rühren Mehl und Milch zugeben. Den Teig 10–15 Minuten quellen lassen.

2. Inzwischen die Sahne steif schlagen. Anschließend ein Viertel der Butter in einer beschichteten Pfanne erhitzen. Ein Viertel des Teiges in die Pfanne geben und ausbacken. Auf diese Weise 4 Pfannkuchen backen.

3. Die Sojapfannkuchen mit je 1 EL Apfelmus, 1 EL Schlagsahne und Pistazien servieren.

Tipp: Die ausgebackenen Pfannkuchen bei 50° im Backofen warm halten.

Kohlenhydrat-Spareffekt: Mit diesen Sojapfannkuchen sparen Sie gegenüber einem klassischen Pfannkuchen, der reichlich Mehl und Zucker enthält, etwa 20 g Kohlenhydrate ein!

1 Portion (140 g): 205 kcal, 12 g (24 E%) Eiweiß, 15 g (62 E%) Fett, 7 g (14 E%) Kohlenhydrate. Die Kohlenhydratdichte mit 7,5 g pro 100 g liegt im niedrigen Bereich.

Zubereitungszeit: 25 Minuten
Schwierigkeitsgrad: einfach

Süße Cannelloni

4 Stück

- 120 g gemahlene, blanchierte Mandeln
- 20 g Weizenmehl
- 10 g Eiweißpulver (Vanille)
- 3 Eier
- 2 Päckchen Vanillezucker
- 200 ml Vollmilch (3,5 % Fett)
- 200 g frische Beeren (z. B. Erdbeeren)
- 30 Butter
- 100 g Frischkäse (12 % Fett absolut)

1. Die Mandeln sieben. Mit Mehl und Eiweißpulver mischen.

2. Die Eier mit dem Vanillezucker schaumig schlagen. Unter Rühren abwechselnd die Mandelmischung und die Milch nach und nach zugeben. Den Teig 10–15 Minuten quellen lassen.

3. Währenddessen die Beeren waschen, trocken tupfen und längs halbieren. Anschließend ein Viertel der Butter in einer beschichteten Pfanne erhitzen. Ein Viertel des Teiges in die Pfanne geben und ausbacken. Auf diese Weise 4 Pfannkuchen backen.

4. Jeden Pfannkuchen mit 1 EL Frischkäse bestreichen. Auf einer Hälfte ein Viertel der Beeren verteilen. Die Pfannkuchen von dieser Seite vorsichtig zu Cannelloni aufrollen.

1 Portion (220 g): 300 kcal, 13 g (18 E%) Eiweiß, 22 g (62 E%) Fett, 15 g (20 E%) Kohlenhydrate. Die Kohlenhydratdichte mit 6,8 g pro 100 g liegt im niedrigen Bereich.

Zubereitungszeit: 20 Minuten
Schwierigkeitsgrad: einfach

Limetten-Minz-Sorbet

2 Portionen

- 2 unbehandelte Limetten
- 1 TL Zucker
- 1 säuerlicher Apfel (z. B. Boskop)
- ½ Bund frische Minze oder Zitronenmelisse (etwa 20 g)
- 1 EL Rum
- 1 Eiweiß

Küchenhelfer: Handrührgerät, Pürierstab, Eisportionierer

1. Die Limetten gründlich waschen und trocken tupfen. Mit einem Zestenreißer einige lange Streifen abziehen und beiseite stellen. Beide Limetten auspressen, 1 EL Saft abnehmen. Den übrigen Limettensaft mit 50 ml Wasser und dem Zucker aufkochen und gut abkühlen lassen.

2. Den Apfel schälen, das Kerngehäuse herausschneiden, das Fruchtfleisch würfeln und mit 1 EL Limettensaft beträufeln. Die Minze waschen, trocken schütteln und die Blättchen abzupfen. 2 Blättchen zur Limettenschale legen, abdecken und kühl stellen. Apfel und Minze pürieren.

3. Den abgekühlten Limettensud und den Rum gut unterrühren. Das Püree in eine Metallschüssel geben und abgedeckt ins Gefrierfach stellen. Nach 2 Stunden Gefrierzeit die Schüssel alle 30 Minuten herausnehmen und gut durchrühren, sodass sich ein feinkristallines Sorbet bildet. Je öfter gerührt wird, desto cremiger wird das Sorbet. Insgesamt 4–5 Stunden gefrieren lassen.

4. Wenn das Püree zu gefrieren beginnt, das Eiweiß steif schlagen. Unter das Sorbet heben und weiter gefrieren lassen und durchrühren wie beschrieben.

5. Vor dem Servieren noch einmal mit dem Handrührgerät pürieren. Mit einem Eisportionierer Kugeln abstechen, auf zwei Schälchen verteilen und jeweils mit 1 Minzeblättchen und Limette dekorieren.

1 Portion (150 g): 95 kcal, 3 g (13 E%) Eiweiß, 2 g (20 E%) Fett, 12 g (52 E%) Kohlenhydrate und 2 g (15 E%) Alkohol. Die Kohlenhydratdichte mit 8 g pro 100 g liegt im niedrigen Bereich.

Zubereitungszeit: 20 Minuten
Gefrierzeit: 4 Stunden
Schwierigkeitsgrad: einfach

EISIGES EISKALTES HEISS GELIEBT.

SEITE 91

Vanilleparfait im Erdbeerspiegel

2 Portionen

- 150 g Sahne, gut gekühlt
- 1 Vanilleschote oder ¼ TL gemahlene Vanille
- 2 Eigelbe + 1 Eiweiß
- 1 TL Zucker
- 1 Päckchen Vanillezucker
- flüssiges Vanillearoma

- 250 g TK-Erdbeeren
- Saft von ½ unbehandelten Zitrone
- Minzeblättchen zum Garnieren
- 2 Dessertförmchen (ø 9 cm)
- evtl. Flüssigsüßstoff oder Stevia Fluid nach Bedarf

Küchenhelfer: Handrührgerät

1. Die Sahne steif schlagen, anschließend kalt stellen. Das Mark der Vanilleschote auskratzen. In einem großen Topf Wasser erhitzen, aber nicht kochen lassen.

2. In einer Metallschüssel die Eigelbe mit Zucker, Vanillezucker, Vanillemark, wenigen Tropfen Vanillearoma und 1 EL Wasser cremig rühren. Dann die Schüssel ins Wasserbad hängen und die Creme mit einem Handrührgerät oder Schwingbesen dickschaumig aufschlagen. Abschließend in einem kalten Wasserbad weiterschlagen, bis sie abgekühlt ist.

3. Aus dem Wasserbad nehmen und die Schlagsahne unterheben. Die Creme auf die beiden Förmchen verteilen. Die Parfaits ins Gefrierfach stellen und mindestens 5 Stunden gefrieren lassen.

4. Die Erdbeeren etwa 30 Minuten vor dem Servieren der Parfaits in einen hohen Rührbecher geben und antauen lassen. Die Parfaits 10 Minuten vor dem Servieren aus dem Gefrierfach nehmen. Das Eiweiß steif schlagen. Die Erdbeeren mit dem Zitronensaft und nach Geschmack mit etwas Flüssigsüßstoff oder Stevia Fluid pürieren. Den Eischnee mit einem Schneebesen unterziehen. Die Erdbeersauce in 2 tiefe Teller gießen.

5. Die Parfaits mit einem spitzen Messer vom Rand lösen. Die Förmchen kurz zur Hälfte in heißes Wasser tauchen, die Parfaits auf den Erdbeerspiegel stürzen.

1 Portion (260 g): 375 kcal, 9 g (10 E%) Eiweiß, 30 g (71 E%) Fett, 17 g (19 E%) Kohlenhydrate. Die Kohlenhydratdichte mit 6,5 g pro 100 g liegt im niedrigen Bereich.

Zubereitungszeit: 20 Minuten
Gefrierzeit: 5 Stunden
Schwierigkeitsgrad: einfach

SEITE 93

Geeister Kiwi-Basilikum-Cappuccino

2 Portionen

- 4 Kiwis
- 5 Basilikumblättchen
- 1 Zitrone
- 100 ml halbtrockener Weißwein
- 1 TL brauner Zucker
- 1 Eiweiß, Salz
- 1 TL Zucker
- 2 Basilikumblättchen und Schokoraspel zum Garnieren

Küchenhelfer: Handrührgerät, Pürierstab

1. Die Kiwis schälen und vierteln. Die Basilikumblättchen fein hacken. Den Saft der Zitrone auspressen. Kiwi, Basilikum, Zitronensaft, 80 ml Wein und den braunen Zucker pürieren.

2. Das Püree in eine Metallschüssel geben und abgedeckt ins Gefrierfach stellen. Mindestens 3 Stunden gefrieren lassen. Nach der ersten Stunde alle 30 Minuten herausnehmen und gut durchrühren, sodass sich ein feinkristallines Sorbet bildet. Je öfter gerührt wird, desto cremiger wird das Sorbet. Insgesamt 3–4 Stunden gefrieren lassen.

3. Vor dem Servieren das Eiweiß mit 20 ml Wein, 1 Prise Salz und dem Zucker im warmen Wasserbad in 5–10 Minuten sehr steif schlagen. Das Sorbet noch einmal pürieren und in Teegläser füllen. Den lauwarmen Weinschaum darauf anrichten, mit Schokoraspeln bestreuen und mit Basilikumblättchen garnieren.

1 Portion (195 g): 145 kcal, 4 g (11 E%) Eiweiß, 2 g (13 E%) Fett, 18 g (51 E%) Kohlenhydrate und 5 g (25 E%) Alkohol. Die Kohlenhydratdichte mit 9,2 g pro 100 g liegt im niedrigen Bereich.

Zubereitungszeit: 15 Minuten
Gefrierzeit: 4 Stunden
Schwierigkeitsgrad: einfach

SEITE 95

Eisige Erdbeerschnitten

6 Portionen

- ▶ 2 Blatt rote Gelatine
- ▶ 500 g Erdbeeren
- ▶ 2 EL Honig
- ▶ 500 g Dickmilch
- ▶ 200 g Sahne
- ▶ einige Minzeblättchen
- ▶ Rehrückenform (30 cm)

Küchenhelfer: Handrührgerät, Pürierstab

1. Die Gelatine 8–10 Minuten in kaltem Wasser einweichen. Die Erdbeeren waschen, entkelchen und vierteln. Die Hälfte der Erdbeeren mit 1 EL Honig pürieren. Kalt stellen.

2. Die Dickmilch mit 1 EL Honig verrühren. Die Sahne steif schlagen und mit der Dickmilch verquirlen. Die Hälfte der Erdbeeren unterziehen.

3. Die Gelatineblätter leicht ausdrücken und in einem kleinen Topf bei schwacher Hitze erwärmen, bis sich die Gelatine aufgelöst hat. Dann zügig 2 EL der Erdbeerdickmilch einrühren und diese Mischung sofort unter die restliche Erdbeerdickmilch rühren.

4. Die Rehrückenform kalt ausspülen. Die Erdbeer-Dickmilch einfüllen und für etwa 4 Stunden ins Gefrierfach stellen. Nach 30–50 Minuten einmal durchrühren, damit sich die Früchte gleichmäßig verteilen.

5. Unmittelbar vor dem Servieren aus dem Gefrierfach nehmen, die Form kurz in heißes Wasser tauchen und die Eiscreme auf eine Platte stürzen. Das Eis in 6 Scheiben schneiden. Mit Minzeblättchen und dem Erdbeerpüree servieren.

Varianten: Diese erfrischende Süßspeise schmeckt auch mit Himbeeren oder einer Beerenmischung.

1 Portion (180 g): 180 kcal, 5 g (11 E%) Eiweiß, 13 g (64 E%) Fett, 11 g (25 E%) Kohlenhydrate. Die Kohlenhydratdichte mit 6,1 g pro 100 g liegt im niedrigen Bereich.

Zubereitungszeit: 20 Minuten
Kühlzeit: etwa 4 Stunden
Schwierigkeitsgrad: einfach

EISIGES EISKALTES HEISS GELIEBT.

Kokoseis am Stiel

6 Portionen

- 50 g Kokosraspel
- 250 ml Buttermilch
- 2 Eigelbe
- 1 EL Zucker
- 1 EL Kokoslikör
- 100 ml Kokosmilch
- 4 Stieleisförmchen

Küchenhelfer: Handrührgerät

1. Die Kokosraspel in einer Pfanne ohne Fett goldgelb rösten. Anschließend mit der Buttermilch pürieren.

2. Die Eigelbe mit dem Zucker schaumig schlagen. Den Kokoslikör einrühren und mit der Kokosbuttermilch in einen Topf geben. Unter Rühren zum Kochen bringen und kurz aufkochen lassen. Von der heißen Platte nehmen und 30 Minuten abkühlen lassen.

3. Dann die Kokosmilch unterrühren. Die Sauce in die Eisförmchen füllen und diese schließen. Mindestens 3 Stunden im Gefrierfach gefrieren lassen.

4. Die Eisförmchen vor dem Servieren kurz in heißes Wasser tauchen und das Eis behutsam herausziehen.

1 Portion (75 g): 120 kcal, 3 g (10 E%) Eiweiß, 10 g (71 E%) Fett, 5 g (17 E%) Kohlenhydrate und <1 g (2 E%) Alkohol. Die Kohlenhydratdichte mit 6,7 g pro 100 g liegt im niedrigen Bereich.

Zubereitungszeit: 20 Minuten
Kühlungszeit: 3 ½ Stunden
Schwierigkeitsgrad: einfach

Himbeer-Cappuccino

2 Portionen

- ▶ 60 ml frisch gekochter Espresso
- ▶ 1–2 Süßstofftabletten oder 1 Stevia-Tab
- ▶ 200 g TK-Himbeeren
- ▶ 1 TL Honig
- ▶ 1 Eiweiß, Salz
- ▶ 75 g Sahne
- ▶ 1 TL Schokoladenraspel (zartbitter)
- ▶ 2 Whiskeygläser

Küchenhelfer: Handrührgerät, Pürierstab

1. Den Espresso kochen, mit Süßstoff süßen und erkalten lassen.

2. Die gefrorenen Himbeeren mit dem Honig in einem hohen Rührbecher pürieren. Die Hälfte des Himbeerpürees auf 2 Whiskeygläser verteilen und ins Gefrierfach stellen. Das restliche Himbeerpüree mit 1 EL heißem Wasser verrühren und auftauen lassen.

3. Das Eiweiß mit 1 Prise Salz steif schlagen. Die Sahne steif schlagen. Das Himbeerpüree unter die Sahne rühren. Das Eiweiß unterheben. Den kalten Espresso auf das gefrorene Himbeerpüree in den Gläsern gießen. Den Himbeerschaum darauf verteilen und mit Schokoladenraspeln bestreuen.

1 Portion (195 g): 175 kcal, 5 g (12 E%) Eiweiß, 12 g (65 E%) Fett, 10 g (23 E%) Kohlenhydrate. Die Kohlenhydratdichte mit 5,1 g pro 100 g liegt im niedrigen Bereich.

Zubereitungszeit: 20 Minuten
Schwierigkeitsgrad: einfach

SEITE 99

Crème Café

2 Portionen

- 1 sehr frisches Ei
- 1 TL Zucker
- 1 TL Espresso Instantpulver
- 1 EL Kaffeelikör
- 40 g Mascarpone
- 30 g fettarmer Joghurt (1,5 % Fett)
- 100 g Sahne
- ½ Päckchen Sahnesteif
- etwas Kakaopulver zum Bestäuben

1. Das Ei mit Zucker, Espressopulver und Kaffeelikör schaumig schlagen. Dann Mascarpone und Joghurt unterrühren.

2. Die Sahne mit Sahnesteif steif schlagen. Die Sahne, 2 EL zurückbehalten, unter die Kaffeecreme heben. Die Crème Café in zwei Dessertschalen verteilen, je 1 Sahnehäubchen daraufklecksen. Für 30 Minuten kühl stellen.

1 Portion (120 g): 285 kcal, 7 g (10 E%) Eiweiß, 24 g (75 E%) Fett, 9 g (12 E%) Kohlenhydrate und 1 g (3 E%) Alkohol. Die Kohlenhydratdichte mit 7,5 g pro 100 g liegt im niedrigen Bereich.

Zubereitungszeit: 20 Minuten
Kühlzeit: 30 Minuten
Schwierigkeitsgrad: einfach

Cappuccinoparfait

6 Portionen

- 200 g Sahne, gut gekühlt
- 2 Eigelbe
- 1 Päckchen Vanillezucker
- 1 EL Mascarpone
- ½ TL gemahlene Vanille oder Mark von 1 Vanilleschote
- ½ TL Espresso Instantpulver
- 50 ml kalter Espresso
- 1 EL Kaffeelikör
- 1 EL Schokoladenraspel
- gefrierbeständige längliche Form (etwa 16 × 6 cm)

1. Die Form mit Frischhaltefolie auslegen. Die Sahne steif schlagen und abgedeckt kalt stellen. In einem großen Topf Wasser erhitzen, aber nicht kochen lassen.

2. Die Eigelbe mit dem Vanillezucker in einer Metallschüssel cremig rühren. Mascarpone, gemahlene Vanille und Espressopulver unterrühren. Dann die Schüssel ins Wasserbad hängen und die Creme in 5–8 Minuten dickschaumig aufschlagen. Espresso und Kaffeelikör unter Rühren in dünnem Strahl zugeben. Weiterrühren, bis eine dickflüssige Konsistenz entsteht.

3. Anschließend die Schüssel in ein kaltes Wasserbad stellen und weiterschlagen, bis die Creme abgekühlt ist. Die Schlagsahne unterheben. Die Creme in die Form geben, glatt streichen. Das Parfait für mindestens 5 Stunden ins Gefrierfach stellen.

4. Vor dem Servieren auf einem Teller stürzen und in etwa 2 cm dicke Scheiben schneiden. Mit den Schokoraspeln bestreuen.

1 Portion (40 g): 160 kcal, 3 g (6 E%) Eiweiß, 15 g (82 E%) Fett, 4 g (10 E%) Kohlenhydrate und <1 g (2 E%) Alkohol. Die Kohlenhydratdichte mit 10 g pro 100 g liegt im niedrigen Bereich.

Zubereitungszeit: 20 Minuten
Gefrierzeit: 5 Stunden
Schwierigkeitsgrad: mittel

Ricotta-Kaffee-Kuchen mit Nusshaube

Ergibt 8 Stücke

- 250 g Ricotta
- 150 g Magerquark
- 75 g Schattenmorellen (ungezuckert aus dem Glas)
- 2 TL Espresso Instantpulver
- 1 EL Weizenmehl
- 1 TL Johannisbrotkernmehl
- 2 Eier + 1 Eiweiß, Salz
- 1 Päckchen Vanillezucker (und bei Bedarf etwas Flüssigsüßstoff)
- flüssiges Vanillearoma
- 2 TL Kaffeelikör
- Zitronensaft
- 2 EL gemahlene Haselnüsse
- Butter und Mehl für die Form
- kleine Springform (ø 18 cm)

1. Ein Sieb mit einem frischen Geschirrtuch auslegen und in eine Schüssel hängen. Ricotta und Quark hineingeben und 30 Minuten abtropfen lassen. Dabei kühl stellen. Anschließend die Flüssigkeit durch Eindrehen das Geschirrtuchs herausdrücken, dabei aber nicht zu fest pressen. Die Mischung noch 10 Minuten abtropfen lassen.

2. Dann den Backofen auf 180° (Umluft 160°) vorheizen. Die Kirschen abtropfen lassen. Eine kleine Springform mit Butter einfetten und mit wenig Mehl bestäuben. Espressopulver, Mehl und Johannisbrotkernmehl mischen.

3. 2 Eier mit 1 Prise Salz, Vanillezucker und wenigen Tropfen Vanillearoma cremig rühren. Den Kaffeelikör einrühren. Den Ricottaquark unterschlagen. Mit der Mehlmischung zu einem glatten Teig verrühren. Gleichmäßig in der Form verstreichen.

4. Das Eiweiß mit 1 Prise Salz und 1 Spritzer Zitronensaft steif schlagen. Die Haselnüsse unterrühren. Die abgetropften Kirschen auf dem Teig verteilen und alles mit Nussschaum bedecken.

5. Im Ofen (unten) 35–40 Minuten backen. 20 Minuten abkühlen lassen. Aus der Form lösen und auskühlen lassen.

1 Stück (70 g): 100 kcal, 7 g (28 E%) Eiweiß, 5 g (46 E%) Fett, 6 g (25 E%) Kohlenhydrate und <1 g (1 E%) Alkohol. Die Kohlenhydratdichte mit 8,6 g pro 100 g liegt im niedrigen Bereich.

Zubereitungszeit: 45 Minuten
Backzeit: ca. 40 Minuten
Schwierigkeitsgrad: mittel

SEITE 103

Café-Heidelbeer-Sorbet

2 Portionen

- 50 ml starker Espresso
- 1 Süßstofftablette oder 1 Stevia-Tab
- 1 Eiweiß, Salz
- 75 g Sahne
- 200 g angetaute TK-Heidelbeeren
- 1 TL Honig
- ½ TL Espresso Instantpulver
- 1 TL Kaffeelikör

Küchenhelfer: Handrührgerät

1. Den Espresso kochen, mit Süßstoff süßen und erkalten lassen. Das Eiweiß mit 1 Prise Salz steif schlagen. Die Sahne steif schlagen.

2. Die Heidelbeeren mit dem kalten Espresso, Honig, Espressopulver und Kaffeelikör in einem hohen Rührbecher pürieren. Das Püree in die Sahne rühren. Das Eiweiß unterheben. Die Creme in eine Metallschüssel geben und ins Gefrierfach stellen.

3. Nach 2 Stunden Gefrierzeit die Schüssel alle 30 Minuten herausnehmen und mit dem Handrührgerät gut durchrühren, sodass sich ein feinkristallines Sorbet bildet. Je öfter gerührt wird, desto cremiger wird das Sorbet. Insgesamt 4–5 Stunden gefrieren lassen.

4. Vor dem Servieren noch einmal mit dem Handmixer pürieren.

1 Portion (190 g): 185 kcal, 5 g (10 E%) Eiweiß, 12 g (58 E%) Fett, 13 g (30 E%) Kohlenhydrate und <1 g (2 E%) Alkohol. Die Kohlenhydratdichte mit 7,4 g pro 100 g liegt im niedrigen Bereich.

Zubereitungszeit: 20 Minuten
Gefrierzeit: ca. 5 Stunden
Schwierigkeitsgrad: einfach

Café Vanilla

2 Portionen

- 150 ml **Espresso**
- 250 ml **Vollmilch** (3,5 % Fett)
- Mark von 1 **Vanilleschote** oder ½ TL **gemahlene Vanille**
- 2 **Eigelbe**
- 1 TL **Zucker**

Küchenhelfer: Handrührgerät

1. Den Espresso kochen. Die Milch in einem Topf zum Kochen bringen und einmal aufkochen lassen. Von der heißen Herdplatte nehmen, das ausgekratzte Vanillemark unterrühren. Etwas abkühlen lassen.

2. Dann die Eigelbe mit dem Zucker schaumig schlagen. Die lauwarme Milch unter Rühren nach und nach zufügen. Die Eiermilch wieder in den Topf geben und unter Rühren erneut erhitzen, bis sie schaumig ist.

3. Den Vanilleschaum auf 2 Latte-Macchiato-Gläser verteilen und vorsichtig je die Hälfte des Espressos eingießen.

1 Glas (225 ml): 175 kcal, 8 g (19 E%) Eiweiß, 12 g (58 E%) Fett, 9 g (23 E%) Kohlenhydrate. Die Kohlenhydratdichte mit 4,0 g pro 100 g liegt im niedrigen Bereich.

Zubereitungszeit: 15 Minuten
Schwierigkeitsgrad: einfach

Geeister Kaffee mit Erdbeeren und Vanillesahne

2 Portionen

- 150 ml Espresso
- 1 TL Zucker (oder 2 Süßstofftabletten)
- 70 g Sahne
- 200 g TK-Erdbeeren
- ½ Vanilleschote

Küchenhelfer: Eiscrusher.

1. Den Espresso kochen. Mit Zucker oder Süßstoff süßen, erkalten lassen.

2. Den kalten Kaffee in eine Metallschüssel gießen. Für 3 Stunden ins Gefrierfach stellen. Alle 30 Minuten herausnehmen und mit einer Gabel umrühren.

3. Den geeisten Kaffee mit 2 EL flüssiger Sahne zerstoßen, am besten mit einem Eiscrusher. Kurz vor dem Servieren das Mark der Vanilleschote herauskratzen. 50 g Sahne mit dem Vanillemark steif schlagen. Die gefrorenen Erdbeeren pürieren, bis sie eine sorbetähnliche Konsistenz annehmen.

4. Den geeisten Kaffee auf zwei Gläser verteilen, die Erdbeergranita darauf verteilen und jeweils ein Sahnehäubchen daraufspritzen. Mit Strohhalm servieren.

1 Glas (215 g): 145 kcal, 2 g (6 E%) Eiweiß, 11 g (66 E%) Fett, 10 g (28 E%) Kohlenhydrate. Die Kohlenhydratdichte mit 4,7 g pro 100 g liegt im niedrigen Bereich.

Zubereitungszeit: 20 Minuten
Gefrierzeit: 4 Stunden
Schwierigkeitsgrad: einfach

SEITE 107

Gebackene Pfirsiche mit Vanille-Nuss-Butter

2 Portionen

- 2 Pfirsiche
- 50 ml Weißwein
- 30 g weiche Butter
- 1 Vanilleschote
- 1 TL Mandelblättchen
- 1 EL Haselnussblättchen
- 1 TL Honig
- Butter für die Form
- **Auflaufform** (ø 16 cm)

1. Den Backofen auf 180° (Umluft 160°) vorheizen. Eine Auflaufform mit etwas Butter einfetten.

2. Die Pfirsiche waschen, halbieren, entsteinen und in die Auflaufform setzen. Den Wein angießen. Im Ofen (Mitte) 20–25 Minuten backen.

3. Gegen Ende der Backzeit die Butter bei schwacher Hitze im Topf zerlassen. Das Mark der Vanilleschote herauskratzen. Vanillemark, Mandel- und Haselnussblättchen in die geschmolzene Butter geben und bräunen. Den Honig unterrühren. Die gebackenen Pfirsiche mit der Vanille-Nuss-Butter und dem Wein übergießen.

1 Portion (165 g) : 235 kcal, 3 g (5 E%) Eiweiß, 17 g (65 E%) Fett, 13 g (22 E%) Kohlenhydrate und 3 g (8 E%) Alkohol. Die Kohlenhydratdichte mit 8,5 g pro 100 g liegt im niedrigen Bereich.

Zubereitungszeit 10 Minuten
Backzeit: ca. 20 Minuten
Schwierigkeitsgrad: einfach

Karamellisierter Ziegenkäse auf Apfelragout

2 Portionen

- 2 Scheiben Ziegenkäserolle (à 50 g)
- 1 TL brauner Zucker
- 4 Thymianzweige
- 1 großer Boskop-Apfel
- 1 TL Butter
- 3 EL Weißwein
- ½ TL Johannisbrotkernmehl
- Zimt

1. Den Backofen auf 180° (Umluft 160°) vorheizen. Ein Backblech mit Backpapier belegen.

2. Die Ziegenkäserolle auf das Backpapier legen. Die Scheiben mit dem braunen Zucker und den Blättchen eines Thymianzweiges bestreuen.

3. Den Apfel schälen, das Kerngehäuse herausschneiden und das Fruchtfleisch würfeln. Die Butter in einer beschichteten Pfanne zerlassen und die Apfelwürfel sowie die Blättchen eines weiteren Thymianzweiges darin 1 Minute garen. Mit Weißwein ablöschen und etwas einkochen lassen. Gegebenenfalls etwas Wasser nachgießen.

4. Das Johannisbrotkernmehl unter Rühren zufügen. Mit Zimt abschmecken. Den Topf von der heißen Herdplatte nehmen. Den Ziegenkäse im vorgeheizten Ofen (Mitte) 5–7 Minuten gratinieren bzw. bis der Käse anfängt zu zerlaufen.

5. Das Apfelragout auf 2 Dessertellern anrichten und je 1 gratinierte Ziegenkäsescheibe obenauf legen. Mit jeweils einem Thymianzweig garnieren.

1 Portion (135 g): 205 kcal, 9 g (18 E%) Eiweiß, 14 g (59 E%) Fett, 9 g (18 E%) Kohlenhydrate und 2 g (5 E%) Alkohol. Die Kohlenhydratdichte mit 6,7 g pro 100 g liegt im niedrigen Bereich.

Zubereitungszeit 15 Minuten
Backzeit: ca. 7 Minuten
Schwierigkeitsgrad: einfach

Gefüllte Feigen mit Ricotta

2 Portionen

- 4 Feigen
- 4 Walnusshälften
- Schale von 1 unbehandelten Orange
- 50 g Ricotta
- 1 TL Honig
- etwas Butter für die Form
- 1 Pastetenförmchen (ø 10 cm)

1. Den Backofen auf 180° (Umluft 160°) vorheizen. Die Form mit Butter einfetten. Die Feigen waschen und einen kleinen Deckel abschneiden. Das Fruchtfleisch vorsichtig aushöhlen.

2. Die Walnüsse rösten und fein hacken. Die Orange heiß waschen, trocken tupfen und mit einem Zestenreißer dünne Streifen abziehen. Den Ricotta mit Honig, Walnüssen, Orangenzesten und Feigenfruchtfleisch verquirlen und in die ausgehöhlten Feigen füllen. Die Feigendeckel wieder aufsetzen.

3. Die Feigen in die Form setzen. Im Ofen (Mitte) etwa 10 Minuten backen.

1 Portion (115 g): 135 kcal, 4 g (12 E%) Eiweiß, 7 g (45 E%) Fett, 14 g (43 E%) Kohlenhydrate. Die Kohlenhydratdichte mit 12,2 g pro 100 g liegt im mittleren Bereich.

Zubereitungszeit: 20 Minuten
Backzeit: ca. 10 Minuten
Schwierigkeitsgrad: einfach

SEITE 111

Sektgelee mit Melone

2 Portionen

- 3 Blatt weiße Gelatine
- 60 g Wassermelone (Fruchtfleisch)
- 60 g Galia- oder Honigmelone (Fruchtfleisch)
- 1 TL Limettensaft
- 4 Blättchen Zitronenmelisse
- 300 ml Sekt
- 100 g Sahne
- Kakao zum Bestäuben
- Kugelausstecher
- 2 Whiskeygläser

1. Die Gelatine in kaltem Wasser 8–10 Minuten einweichen. Währenddessen mit einem Kugelausstecher kleine Kugeln aus dem Melonenfruchtfleisch ausstechen. Diese mit Limettensaft beträufeln.

2. Die Melisseblättchen waschen, in dünne Streifen schneiden. Die Melonenkügelchen damit bestreuen.

3. Den Sekt in einem Topf erwärmen, nicht kochen lassen! Die Gelatine leicht ausdrücken und unter Rühren im Sekt auflösen. Die Melonenkügelchen in einem Sieb abtropfen lassen und gleichmäßig auf die beiden Whiskeygläser verteilen. Mit dem warmen Sekt übergießen und abkühlen lassen. Anschließend abgedeckt für mindestens 4 Stunden kühl stellen.

4. Kurz vor dem Servieren die Sahne steif schlagen. Mit einem Spritzbeutel Sahnehäubchen auf das Gelee spritzen. Hauchdünn mit Kakao bestäuben.

1 Portion (280 g): 295 kcal, 2 g (3 E%) Eiweiß, 16 g (48 E%) Fett, 12 g (17 E%) Kohlenhydrate und 13 g (32 E%) Alkohol. Die Kohlenhydratdichte mit 4,3 g pro 100 g liegt im niedrigen Bereich.

Zubereitungszeit: 15 Minuten
Kühlzeit: 4 Stunden
Schwierigkeitsgrad: einfach

SEITE 113

Aprikosen mit Nusshaube

2 Portionen

- 4 Aprikosen
- 2 TL Amaretto
- 1 Ei, Salz
- Zitronensaft
- 1 Päckchen Vanillezucker
- 1 schwach gehäufter EL Mascarpone
- 1 EL Orangensaft
- 1 EL gemahlene Mandeln
- 1 EL Mandelblättchen
- kleine Auflaufform (etwa 15 cm)

1. Den Backofen auf 180° (Umluft 160°) vorheizen. Die Aprikosen waschen, halbieren und Steine entfernen. Nebeneinander mit der Schnittfläche nach oben in eine Auflaufform setzen und gleichmäßig mit dem Amaretto beträufeln.

2. Für die Nusshaube das Ei trennen. Das Eiweiß mit 1 Prise Salz und 1 Spritzer Zitronensaft steif schlagen. Eigelb und Vanillezucker cremig rühren. Mascarpone, Orangensaft und die gemahlenen Mandeln unterrühren. Den Eischnee unterheben.

3. Die Mandelblättchen fein hacken und unter die Nussmasse heben. Diese in die Aprikosenhälften klecksen. Im Ofen (Mitte) 15–20 Minuten gratinieren.

1 Portion (130 g): 225 kcal, 8 g (14 E%) Eiweiß, 16 g (61 E%) Fett, 11 g (20 E%) Kohlenhydrate und 2 g (5 E%) Alkohol. Die Kohlenhydratdichte mit 8,5 g pro 100 g liegt im niedrigen Bereich.

Zubereitungszeit: 15 Minuten
Backzeit: ca. 20 Minuten
Schwierigkeitsgrad: einfach

Rosa Wölkchen

4 Portionen

- **200 g Beerenfrüchte** (TK oder frisch)
- **3 Eiweiße, Salz**
- **Zitronensaft**
- **10 g gemahlener Mohn**
- **10 g Vanillezucker**
- **Flüssigsüßstoff oder Stevia Fluid** nach Geschmack
- **8 Minzeblättchen zum Garnieren**

Küchenhelfer: Handrührgerät, Pürierstab

1. Den Backofen auf 100° (Ober- und Unterhitze) vorheizen. Das Backblech mit Backpapier belegen. Frische Beeren verlesen und waschen, tiefgekühlte Früchte antauen lassen. 100 g Beeren pürieren und durch ein Sieb streichen.

2. Die Eiweiße mit 1 Prise Salz und 2–3 Spritzern Zitronensaft sehr steif schlagen. Mohn und Vanillezucker einrieseln lassen. Wer es gerne süßer mag, kann noch wenige Tropfen Flüssigsüßstoff oder Stevia Fluid unterrühren. Das Beerenpüree unter den Eischnee heben.

3. Den Beerenschnee mit einem Esslöffel in 8 Portionen wie kleine Wölkchen aufs Backpapier setzen. Im Ofen (Mitte) etwa 60 Minuten trocknen lassen.

4. Die restlichen Beeren halbieren. Auf 4 Teller jeweils 2 rosa Wölkchen setzen, mit je 1 EL Beeren und Minzeblättchen dekorativ anrichten.

1 Portion (85 g): 50 kcal, 4 g (31 E%) Eiweiß, 2 g (28 E%) Fett, 5 g (41 E%) Kohlenhydrate. Die Kohlenhydratdichte mit 5,9 g pro 100 g liegt im niedrigen Bereich.

Zubereitungszeit: 15 Minuten
Backzeit: ca. 60 Minuten
Schwierigkeitsgrad: einfach

FRUCHTIGES.
RAFFINIERT & FRISCH.

Birne mit Ingwer-Calvados-Schaum

2 Portionen

- **1 Birne** (z. B. Kaiser Alexander)
- **80 g Ingwer**, geschält gewogen
- **125 ml Weißwein**
- **1 Zimtstange**
- **2 Eigelbe**
- **1 TL Zucker**
- **½ TL Zimt**
- **2 TL Calvados**
- **Zimt**

Küchenhelfer: Handrührgerät

1. Die Birne schälen, halbieren und entkernen. Den Ingwer schälen, etwa 2 TL fein reiben, den Rest in dünne Scheiben schneiden. Den Weißwein in einem flachen Topf zum Kochen bringen. Die Birnen, die Ingwerscheiben und die Zimtstange darin 10–12 Minuten zugedeckt leise köcheln lassen.

2. In einem weiteren Topf Wasser erhitzen, aber nicht kochen lassen. Die Eigelbe mit Zucker, Zimt und dem geriebenen Ingwer in einer Metallschüssel cremig rühren. Dann die Schüssel ins Wasserbad hängen und die Creme mit einem Handrührgerät oder Schwingbesen dickschaumig aufschlagen. Sobald die Creme dicker wird, den Calvados und 2 EL Birnensud unter Rühren zugießen.

3. Anschließend die Schüssel in ein kaltes Wasserbad hängen und die Creme weiterschlagen, bis sie abgekühlt ist.

4. Die Birnenhälften aus dem Sud heben, in einem Sieb kurz abtropfen lassen. Schließlich fächerartig aufschneiden und mit dem Ingwer-Calvados-Schaum auf 2 Tellern anrichten.

1 Portion (115 g): 150 kcal, 4 g (11 E%) Eiweiß, 8 g (46 E%) Fett, 11 g (29 E%) Kohlenhydrate und 3 g (15 E%) Alkohol. Die Kohlenhydratdichte mit 9,6 g pro 100 g liegt im niedrigen Bereich.

Zubereitungszeit: 30 Minuten
Schwierigkeitsgrad: mittel

Gebratene Wassermelone an Ziegenkäsemousse

4 Portionen

- 3 Blatt weiße Gelatine
- 3 Minzeblättchen + Minzeblättchen für die Deko
- 100 g Wassermelone (geschält gewogen)
- 1 TL Zitronensaft
- 150 g Ziegenfrischkäse
- 75 g Sahne
- 4 Scheiben Wassermelone mit Schale (à 50 g)
- 1 TL Honig
- 1 TL weiche Butter

Küchenhelfer: Handrührgerät

1. Die Gelatine 8–10 Minuten in kaltem Wasser einweichen. Die Minzeblättchen waschen, trocken schütteln und 3 Blättchen fein hacken. Die Kernchen der Wassermelone entfernen.

2. Die 100 g Wassermelone mit der gehackten Minze und dem Zitronensaft pürieren. Den Ziegenfrischkäse zufügen und mitpürieren.

3. Die Gelatineblätter leicht ausdrücken und in einem kleinen Topf bei schwacher Hitze erwärmen, bis sich die Gelatine aufgelöst hat. Dann zügig 2 EL Frischkäsecreme einrühren, und diese Mischung sofort unter die Frischkäsecreme rühren. Kalt stellen.

4. Sobald die Creme zu gelieren beginnt, die Sahne steif schlagen. Unter die Frischkäsecreme ziehen und diese mindestens 2 Stunden im Kühlschrank erstarren lassen.

5. Kurz vor dem Servieren die Kernchen aus den Melonenscheiben entfernen. Die Scheiben beidseitig sehr dünn mit Honig bestreichen. Die Butter in der Pfanne zerlassen. Die Melonenscheiben darin von beiden Seiten bräunen. Nocken vom Ziegenkäsemousse abstechen und mit je 1 gebratenen Melonenscheibe auf 4 Dessertellerchen anrichten. Mit Minzeblättchen garnieren.

1 Portion (175 g): 210 kcal, 7 g (14 E%) Eiweiß, 15 g (62 E%) Fett, 12 g (24 E%) Kohlenhydrate. Die Kohlenhydratdichte mit 6,9 g pro 100 g liegt im niedrigen Bereich.

Zubereitungszeit: 20 Minuten
Kühlzeit: 2 Stunden
Schwierigkeitsgrad: einfach

Ananas mit Minzpesto

2 Portionen

- **180 g Ananas** (geschält gewogen)
- **1 EL Kokosraspel**
- **1 Bund frische Pfefferminze**
- **5 Macadamianüsse** (ungesalzen, ersatzweise Pinienkerne)
- **1 unbehandelte Zitrone**
- **1 EL Mandelöl**
- **1 TL Honig**

1. Das Ananasfruchtfleisch in dünne Scheiben schneiden und fächerartig auf 2 Tellern anrichten. Die Kokosraspel in einer Pfanne ohne Fett rösten.

2. Für das Pesto die Minze waschen, trocken schütteln, die Blättchen abzupfen. Wenige für die Deko beiseite legen. Die übrigen in feine Streifen schneiden. Die Macadamianüsse fein hacken. Die Zitrone heiß waschen, trocken tupfen und 1 TL Schale abreiben. Den Zitronensaft auspressen. Minze, Nüsse, Zitronensaft, Öl und Honig pürieren. Die abgeriebene Zitronenschale unterrühren.

3. Die Ananas mit dem Minzpesto beträufeln und mit den Kokosraspeln bestreuen. Mit frischen Minzeblättchen garnieren.

1 Portion (120 g): ca. 165 kcal, 1 g (3 E%) Eiweiß, 11 g (60 E%) Fett, 15 g (37 E%) Kohlenhydrate. Die Kohlenhydratdichte mit 12,5 g pro 100 g liegt im mittleren Bereich.

Zubereitungszeit: 10 Minuten
Schwierigkeitsgrad: einfach

Ananas im Kokosmantel

2 Portionen

- 2 Scheiben frische Ananas (etwa 2 cm dick)
- 1 EL Mehl
- 1 Ei
- 30 g Kokosraspel
- 1 EL Erdnussöl
- 1 TL Honig
- 3 getrocknete Thymianzweige
- 1 TL Butter

1. Die Ananasscheiben mit Küchenkrepp abtupfen und rundum mit dem Mehl bestäuben. Das Ei verquirlen. Die Kokosraspel auf einen Teller geben. Die Ananas zunächst im Ei, dann in den Kokosraspeln wenden.

2. Das Erdnussöl in einer beschichteten Pfanne erhitzen. Die Ananasscheibenstücke bei mittlerer Temperatur darin goldbraun backen.

3. Inzwischen den Honig in einem kleinen Topf erwärmen. 10 Blättchen Thymian abzupfen und im Honig schwenken. Die Butter zugeben, zerlassen und alles einmal schaumig aufkochen lassen.

4. Die gebackenen Ananasscheiben auf 2 Desserttellerchen anrichten, mit dem heißen Thymianhonig beträufeln und mit je 1 Thymianzweig garnieren.

1 Portion (100 g): 240 kcal, 4 g (6 E%) Eiweiß, 18 g (68 E%) Fett, 15 g (26 E%) Kohlenhydrate. Die Kohlenhydratdichte mit 15 g pro 100 g liegt im mittleren Bereich.

Zubereitungszeit: 10 Minuten
Schwierigkeitsgrad: einfach

SEITE 121

Beschwipste Rotweinbirnen

2 Portionen

- 2 reife, feste Birnen
- Schale von 1 unbehandelten Zitrone
- 1 Vanilleschote
- 500 ml trockener Rotwein
- 3 TL Honig
- ½ TL Kardamompulver
- 1 Sternanis
- ½ TL Nelkenpulver
- 2 Eigelbe
- 80 g Sahne
- ½ TL Zimt

1. Die Birnen schälen, dabei den Stiel stehen lassen. Den Blütenansatz entfernen und das Kerngehäuse mit einem scharfen Messer vom Blütenansatz her vorsichtig herausschneiden.

2. Die Zitrone waschen, trocken tupfen und die Schale mit dem Zestenreißer abziehen. Die Vanilleschote längs halbieren und das Mark herauskratzen. Das Vanillemark abgedeckt beiseite stellen.

3. Vanilleschote, Rotwein, 2 TL Honig, Zitronenzesten, Kardamom, Sternanis und Nelkenpulver in einem hohen Topf zum Kochen bringen. Die Birnen darin 20 Minuten bei milder Hitze pochieren. Anschließend den Topf von der heißen Herdplatte nehmen und die Birnen im Sud abkühlen lassen.

4. 100 ml Birnensud, das Vanillemark, 1 TL Honig und die Eigelbe bei mittlerer Hitze erwärmen. Unter ständigem Rühren bis zum Siedepunkt erhitzen. Nicht aufkochen lassen.

5. Die Sahne steif schlagen, den Zimt einrieseln lassen. Die Birnen mit der Vanillesauce und 1 Klecks Zimtsahne servieren.

1 Portion (220 g): 280 kcal, 5 g (8 E%) Eiweiß, 15 g (52 E%) Fett, 20 g (30 E%) Kohlenhydrate und 4 g (10 E%) Alkohol. Die Kohlenhydratdichte mit 9,1 g pro 100 g liegt im niedrigen Bereich.

Zubereitungszeit: 45 Minuten
Schwierigkeitsgrad: einfach

FRUCHTIGES.
RAFFINIERT & FRISCH.

Erfrischender Melonensalat mit Nüssen

2 Portionen

- ▶ 30 g Pekannüsse
- ▶ 6 Zitronenmelisseblättchen
- ▶ 300 g Wassermelone
- ▶ 1 Zitrone
- ▶ 1 EL Walnussöl
- ▶ Kugelausstecher

1. Die Nüsse in einer beschichteten Pfanne ohne Fett rösten, bis sie duften. Die Zitronenmelisse waschen, trocken tupfen und klein zupfen.

2. Die Kernchen aus der Melone entfernen. Mit einem Kugelausstecher Melonenbällchen ausstechen. Diese in einer Schüssel mit den Pekannüssen mischen.

3. Den Saft der Zitrone auspressen. Den Salat mit Öl, Zitronensaft und Zitronenmelisse abschmecken.

1 Portion (205 g): 215 kcal, 2 g (4 E%) Eiweiß, 16 g (65 E%) Fett, 16 g (31 E%) Kohlenhydrate. Die Kohlenhydratdichte mit 8 g pro 100 g liegt im niedrigen Bereich.

Zubereitungszeit: 15 Minuten
Schwierigkeitsgrad: einfach

Marinierte Chili-Erdbeeren

2 Portionen

- 250 g frische Erdbeeren
- ½ Limette
- 2 Minzeblättchen
- 1 Msp. getrocknete Chilifäden + Chilifäden zum Garnieren
- 1 TL Amaretto
- 1 EL Mandelöl
- 1 EL Pistazien
- 2 TL Balsamicocreme

1. Die Erdbeeren waschen, entkelchen und halbieren. Den Saft der halben Limette auspressen. Die Minzeblättchen fein hacken.

2. Für die Marinade die Chilifäden mit dem Limettensaft, der Minze, Amaretto und Mandelöl verrühren. Die Erdbeeren mit der Marinade mischen und 20 Minuten zugedeckt durchziehen lassen.

3. Die Pistazien grob hacken und in einer beschichteten Pfanne ohne Fett rösten, bis sie duften.

4. Die marinierten Erdbeeren gleichmäßig auf 2 Dessertteller verteilen. Jeweils mit 1 TL Balsamicocreme beträufeln, mit Pistazien bestreuen und mit Chilifäden garnieren.

1 Portion (160 g): 150 kcal, 2 g (6 E%) Eiweiß, 9 g (62 E%) Fett, 11 g (30 E%) Kohlenhydrate, <1 g (2 E%) Alkohol. Die Kohlenhydratdichte mit 6,9 g pro 100 g liegt im niedrigen Bereich.

Zubereitungszeit: 30 Minuten
Schwierigkeitsgrad: einfach

SEITE 125

Obstsalat mit Schokosahne

2 Portionen

- **300 g frische, zuckerarme Früchte** (z. B. Beeren, Papaya, Apfel, Kiwi)
- **1 EL Zitronensaft**
- **1 TL Rum**
- **100 g Sahne**
- **1 TL Kakaopulver** (ungezuckert)
- **1 TL Vanillezucker**
- **Spritzbeutel**

1. Die Früchte waschen, putzen und je nach Sorte evtl. in mundgerechte Stücke schneiden. Sofort mit Zitronensaft und Rum beträufeln. Zugedeckt 10 Minuten ziehen lassen.

2. Die Sahne halbsteif schlagen. Kakaopulver und Vanillezucker zugeben und steif schlagen.

3. Den Obstsalat auf 2 Dessertschalen verteilen und durch einen Spritzbeutel je die Hälfte der Schokosahne dekorativ aufspritzen.

1 Portion (215 g): 220 kcal, 3 g (6 E%) Eiweiß, 16 g (66 E%) Fett, 15 g (27 E%) Kohlenhydrate und <1 g (1 E%) Alkohol. Die Kohlenhydratdichte mit 7,5 g pro 100 g liegt im niedrigen Bereich.

Zubereitungszeit: 30 Minuten
Schwierigkeitsgrad: einfach

SEITE 127

Obstspieße mit Mascarponecreme

2 Portionen

- ▶ **250 g zuckerarme Früchte der Saison** (z. B. Erdbeeren, Apfel, Melone, Weintrauben)
- ▶ **1 Vanilleschote**
- ▶ **100 g Mascarpone**
- ▶ **2 EL Mineralwasser**
- ▶ **3 EL Orangensaft**
- ▶ **1 TL Vanillezucker** (alternativ Flüssigsüßstoff oder Stevia Fluid)
- ▶ **4 lange Holzstäbchen**

1. Die Früchte waschen, putzen und je nach Sorte in mundgerechte Stücke schneiden. Mehrere Früchte bunt gemischt auf Holzstäbchen spießen.

2. Die Vanilleschote halbieren und das Mark herauskratzen. Mascarpone mit Vanillemark, Mineralwasser und Orangensaft verrühren. Bei Bedarf entweder mit 1 TL Vanillezucker oder wenig Süßstoff abschmecken.

3. Die Creme auf 2 kleine Schälchen verteilen. Diese jeweils mit 2 Fruchtspießchen anrichten.

1 Portion (200 g): 270 kcal, 4 g (6 E%) Eiweiß, 21 g (69 E%) Fett, 17 g (25 E%) Kohlenhydrate. Die Kohlenhydratdichte mit 8,5 g pro 100 g liegt im niedrigen Bereich.

Zubereitungszeit: 20 Minuten
Schwierigkeitsgrad: einfach

SEITE 129

Beerentraum mit Vanilleschaum

2 Portionen

- **250 g frische, gemischte Beeren**
- **1 EL Rum**
- **200 ml Vollmilch** (3,5 % Fett)
- **Mark von 1 Vanilleschote oder ¼ TL gemahlene Vanille**
- **2 Eigelbe**
- **1 TL Zucker**

Küchenhelfer: Handrührgerät

1. Die Beeren verlesen, waschen und entkelchen. Erdbeeren halbieren. Die Beeren mit dem Rum mischen. 10 Minuten durchziehen lassen.

2. Währenddessen die Milch in einem Topf einmal aufkochen lassen. Von der heißen Herdplatte nehmen und das ausgekratzte Vanillemark einrühren. Etwas abkühlen lassen.

3. In einem großen Topf Wasser erhitzen, aber nicht kochen lassen. Die Eigelbe mit dem Zucker in einer Metallschüssel schaumig rühren. Die lauwarme Milch unter Rühren nach und nach einfließen lassen. Dann die Schüssel ins Wasserbad hängen und die Creme mit einem Handrührgerät oder Schwingbesen dickschaumig aufschlagen.

4. Anschließend die Schüssel in ein kaltes Wasserbad hängen und weiterschlagen, bis der Vanilleschaum abgekühlt ist. Die Beeren auf 2 Schälchen verteilen und mit Vanilleschaum bedecken.

1 Portion (255 g): 210 kcal, 8 g (16 E%) Eiweiß, 11 g (49 E%) Fett, 15 g (29 E%) Kohlenhydrate und 2 g (6 E%) Alkohol. Die Kohlenhydratdichte mit 6,7 g pro 100 g liegt im niedrigen Bereich.

Zubereitungszeit: 15 Minuten
Schwierigkeitsgrad: mittel

Kalte Pflaumensuppe mit Eiweißnocken

4 Portionen

- **250 g Pflaumen** (frisch oder aus dem Glas)
- **Schale von ½ unbehandelten Orange**
- **Schale von ½ unbehandelten Zitrone**
- **150 ml trockener Rotwein**
- **½ TL Zimt**
- **½ TL gemahlene Gewürznelke**
- **1 EL Zucker oder 1 TL Flüssigsüßstoff oder 2 Tropfen Stevia Fluid**
- **½ TL Johannisbrotkernmehl**
- **Cayennepfeffer nach Geschmack**

Für die Nocken:
- **250 ml Vollmilch** (3,5 % Fett)
- **2 Eiweiße**
- **1 Päckchen Vanillezucker**
- **¼ TL gemahlene Vanille**

1. Frische Pflaumen waschen und entsteinen. Eingemachte Pflaumen im Sieb abtropfen lassen. Jeweils die Schale von ½ Orange und Zitrone abreiben.

2. 250 ml Wasser mit Wein, Zimt, Nelkenpulver, Orangen- und Zitronenabrieb in einem kleinen Topf zum Kochen bringen. Nach dem Aufkochen die Pflaumen zugeben. 5 Minuten bei schwacher Hitze und aufgelegtem Deckel garen. Mit Zucker oder Süßstoff abschmecken.

3. Das Johannisbrotkernmehl unter Rühren zufügen und alles noch einmal aufkochen lassen. Mit Cayennepfeffer abschmecken. Die Pflaumensuppe erkalten lassen. Dann bis zum Servieren im Kühlschrank gut durchkühlen lassen.

4. Vor dem Servieren die Milch zum Kochen bringen. Die Eiweiße halbsteif schlagen. Nach und nach den Vanillezucker und die gemahlene Vanille einrieseln lassen und weiterschlagen, bis der Eischnee schnittfest ist.

5. Mit einem Esslöffel Nocken abstechen und in die kochende Milch geben. Etwa 1 Minute unter vorsichtigem Wenden garen. Die Nocken anschließend in ein Sieb geben und abtropfen lassen. Diese Prozedur wiederholen, bis der Eischnee aufgebraucht ist. Die Nocken in die Suppe geben und sofort servieren.

1 Portion (225 g): 130 kcal, 4 g (13 E%) Eiweiß, 2 g (11 E%) Fett, 18 g (59 E%) Kohlenhydrate und 3 g (17 E%) Alkohol. Die Kohlenhydratdichte mit 8 g pro 100 g liegt im niedrigen Bereich.

Zubereitungszeit: 20 Minuten
Kühlzeit: mindestens 1 Stunde
Schwierigkeitsgrad: mittel

Grundteig für LOGI-Kekse

25 Stück

- ▶ 250 g gemahlene, blanchierte Mandeln
- ▶ 2 TL Backpulver
- ▶ 1 TL gemahlene Vanille
- ▶ 2 Eier, Salz
- ▶ 25 g Zucker
- ▶ 100 g weiche Butter

1. Den Backofen auf 180° (Umluft 160°) vorheizen. Das Backblech mit Backpapier belegen. Mandeln, Backpulver und gemahlene Vanille mischen.

2. Die Eier mit 1 Prise Salz und Zucker cremig rühren. Die Butter unterschlagen. Dann die Mandelmischung zugeben und alles zu einem glatten Teig verrühren. Den Teig etwa 15 Minuten ruhen lassen.

3. Den Teig mit einem Esslöffel in 25 Portionen teilen. Diese jeweils zu Kugeln formen und mit etwas Abstand auf das vorbereitete Blech setzen. Mit dem Löffel oder einer Gabel – das gibt ein hübsches Muster – jeweils zu flachen Kreisen drücken.

4. Im Ofen (Mitte) etwa 15 Minuten backen. Auskühlen lassen.

Kohlenhydrat-Spareffekt: Mit einem dieser LOGIschen Kekse sparen Sie gegenüber einem herkömmlichen Weizenmehlkeks 10 g Kohlenhydrate ein.

1 Keks (20 g): 95 kcal, 3 g (13 E%) Eiweiß, 10 g (85 E%) Fett, 2 g (2 E%) Kohlenhydrate. Die Kohlenhydratdichte mit 10 g pro 100 g liegt im niedrigen Bereich.

Zubereitungszeit: 15 Minuten
Backzeit: ca. 15 Minuten
Schwierigkeitsgrad: einfach

Ingwerkekse

25 Stück

- ▶ **Teig nach Grundteigrezept**
- ▶ **30 g frisch geriebener Ingwer** (geschält gewogen)

1. + 2. Den Teig wie beschrieben zubereiten, allerdings zusammen mit der Butter den Ingwer unterrühren.

3. + 4. Ruhen lassen, backen und auskühlen lassen wie beschrieben.

1 Ingwerkeks (20 g): 95 kcal, 3 g Eiweiß (13 E%), 10 g Fett (85 E%), 2 g Kohlenhydrate (2 E%). Die Kohlenhydratdichte mit 10 g pro 100 g liegt im niedrigen Bereich.

Engelsaugen

25 Stück

- ▶ **Teig nach Grundteigrezept**
- ▶ **80 g Fruchtmus** (mindestens 50% Fruchtanteil) nach Geschmack

1. + 2. Den Teig wie beschrieben zubereiten und 15 Minuten ruhen lassen.

3. Aus dem Teig etwa 25 Kugeln gleicher Größe formen. Diese mit etwas Abstand auf das vorbereitete Blech setzen. Mit dem angefeuchteten Stiel eines Holzlöffels mittig eine Mulde in jeden Keks drücken. Die Vertiefungen jeweils mit 1 kleinen Klecks Marmelade füllen.

4. Im Ofen (Mitte) etwa 15 Minuten backen. Auskühlen lassen.

1 Keks (23 g): 110 kcal, 3 g (11 E%) Eiweiß, 10 g (76 E%) Fett, 4 g (13 E%) Kohlenhydrate. Die Kohlenhydratdichte mit 17,4 g pro 100 g liegt im mittleren Bereich.

KEKSE & CO.
FÜR LOGI-KRÜMELMONSTER.

Kekse mit kandierten Früchten

25 Stück

- ▶ Teig nach Grundteigrezept
- ▶ 80 g kandierte Früchte
  (z. B. Zitronat oder Orangeat)

1. + 2. Den Teig wie beschrieben zubereiten. Nach Verrühren mit der Mandelmischung auch noch die kandierten Früchte unterheben.

3. + 4. Ruhen lassen, backen und auskühlen lassen wie beschrieben.

1 Keks (22 g): 105 kcal, 3 g (12 E%) Eiweiß, 10 g (76 E%) Fett, 3 g (12 E%) Kohlenhydrate. Die Kohlenhydratdichte mit 18 g pro 100 g liegt im mittleren Bereich.

Haselnusskekse

25 Stück

- ▶ Teig nach Grundteigrezept
- ▶ 1 Fläschchen Vanillearoma
- ▶ 25 Haselnusskerne

1. + 2. Den Teig wie beschrieben zubereiten, mit der Butter auch das Vanillearoma einrühren. 15 Minuten ruhen lassen.

3. Aus dem Teig etwa 25 Kugeln gleicher Größe formen. Diese mit ausreichendem Abstand auf das vorbereitete Blech setzen. Jeweils 1 Haselnusskern in die Mitte der Kekse geben und leicht andrücken.

4. Im Ofen (Mitte) etwa 15 Minuten backen. Auskühlen lassen.

1 Keks (22 g): 110 kcal, 3 g (11 E%) Eiweiß, 11 g (85 E%) Fett, 1 g (4 E%) Kohlenhydrate. Die Kohlenhydratdichte mit 4,5 g pro 100 g liegt im niedrigen Bereich.

Mandelkugeln

24 Stück

- 1 Ei, Salz
- 20 g Zucker
- 100 g Quark (20% Fett)
- 60 g weiche Butter
- 1 Fläschchen Bittermandelaroma
- 100 g Mandelmehl
- 3 EL gehackte Mandeln

1. Den Backofen auf 170° (Umluft 150°) vorheizen. Das Backblech mit Backpapier belegen.

2. Ei, 1 Prise Salz und Zucker schaumig schlagen. Quark, Butter und Aroma unterrühren. Mit dem Mandelmehl zu einem glatten Teig verrühren. Aus dem Teig 24 Kugeln gleicher Größe formen.

3. Die gehackten Mandeln auf ein Tellerchen geben und die Kugeln darin wälzen. Auf das vorbereitete Blech setzen und im Ofen (Mitte) etwa 25 Minuten backen. Auskühlen lassen.

Variante: Anstelle von 100 g Mandelmehl können Sie auch 250 g gemahlene, blanchierte Mandeln verwenden. Die Nährwerte ändern sich dann pro Keks auf: 65 kcal, 3 g (19 E%) Eiweiß, 6 g (68 E%) Fett, 2 g (13 E%) Kohlenhydrate.

1 Kugel (15 g): 35 kcal, 3 g (35 E%) Eiweiß, 3 g (42 E%) Fett, 2 g (23 E%) Kohlenhydrate. Die Kohlenhydratdichte mit 13,3 g pro 100 g liegt im mittleren Bereich.

Zubereitungszeit: 15 Minuten
Backzeit: ca. 25 Minuten
Schwierigkeitsgrad: einfach

Kokoskugeln

20 Stück

- ▶ 1 Ei, Salz
- ▶ 10 g Zucker
- ▶ 100 g Quark (20% Fett)
- ▶ 60 g weiche Butter
- ▶ 35 g Kokosmehl
- ▶ 20 g Kokosraspel

1. Den Backofen auf 170° (Umluft 150°) vorheizen. Das Backblech mit Backpapier belegen.

2. Ei, 1 Prise Salz und Zucker schaumig schlagen. Quark und Butter unterrühren. Mit dem Kokosmehl zu einem glatten Teig verrühren. Aus dem Teig 20 Kugeln gleicher Größe formen.

3. Die Kokosraspel auf ein Tellerchen geben und die Kugeln darin wälzen, sodass sie rundum mit Kokosraspeln bedeckt sind. Auf das vorbereitete Blech setzen und im Ofen (Mitte) etwa 25 Minuten backen. Auskühlen lassen.

1 Kugel (15 g): 40 kcal, 2 g (21 E%) Eiweiß, 4 g (58 E%) Fett, 2 g (21 E%) Kohlenhydrate. Die Kohlenhydratdichte mit 13,3 g pro 100 g liegt im mittleren Bereich.

Zubereitungszeit: 15 Minuten
Backzeit: ca. 25 Minuten
Schwierigkeitsgrad: einfach

Haselnusskugeln

12 Stück

- 1 Ei, Salz
- 20 g Zucker
- 100 g Quark (20 % Fett)
- 60 g Butter
- 1 Fläschchen Rumaroma
- 100 g Haselnussmehl
- 3 EL gehackte Haselnüsse

1. Den Backofen auf 170° (Umluft 150°) vorheizen. Das Backblech mit Backpapier belegen.

2. Ei, 1 Prise Salz und Zucker schaumig schlagen. Quark, Butter und Aroma unterrühren. Mit dem Nussmehl zu einem glatten Teig verrühren. Aus dem Teig 12 Kugeln gleicher Größe formen.

3. Die gehackten Nüsse auf ein Tellerchen geben und die Kugeln darin wälzen, sodass sie rundum mit Haselnüssen bedeckt sind. Auf das vorbereitete Blech setzen und im Ofen (Mitte) 25 Minuten backen. Auskühlen lassen.

1 Kugel (30 g): 85 kcal, 4 g (19 E%) Eiweiß, 6 g (64 E%) Fett, 4 g (17 E%) Kohlenhydrate. Die Kohlenhydratdichte mit 13,3 g pro 100 g liegt im mittleren Bereich.

Zubereitungszeit: 10 Minuten
Backzeit: ca. 25 Minuten
Schwierigkeitsgrad: einfach

Schoko-Nuss-Herzen

25 Stück

- 90 g gemahlene Haselnüsse
- 20 g gehackte Haselnüsse
- 1 schwach gehäufter TL Backpulver
- 1 TL Kakaopulver (schwach entölt)
- 2 Eier, Salz
- 1 Päckchen Vanillezucker
- 30 g weiche Butter
- 1 EL Mandel- oder Haselnussmus
- 30 g Blockschokolade
- Herzausstecher

1. Den Backofen auf 180° (160° Umluft) vorheizen. Das Backblech mit Backpapier belegen. Gemahlene und gehackte Nüsse, Backpulver und Kakaopulver mischen.

2. Eier, 1 Prise Salz und Vanillezucker schaumig schlagen. Butter und Nussmus unterrühren. Nach und nach die Nussmischung einrühren.

3. Den Nussteig dünn auf dem vorbereiteten Blech verstreichen. Im Ofen (Mitte) 20–30 Minuten backen.

4. Nur 3 Minuten abkühlen lassen, dann aus dem noch warmen Teig 25 Herzen ausstechen.

5. Die Blockschokolade im warmen Wasserbad schmelzen. Je einen Flügel der Nussherzen mit der Schokolade bestreichen. Auf dem Backpapier auskühlen lassen.

Tipp: Noch dekorativer sehen die Plätzchen aus, wenn Sie die Nussherzen unmittelbar nach Bestreichen mit der Schokolade entweder mit Kokosraspeln oder mit gehackten Pistazien bestreuen.

Weihnachtstipp: Mischen Sie noch ½ TL Lebkuchengewürz und 1 TL Zimt unter die Nussmischung.

1 Herz (12 g):): 55 kcal, 2 g (11 E%) Eiweiß, 5 g (80 E%) Fett, <1 g (9 E%) Kohlenhydrate. Die Kohlenhydratdichte mit 8,3 g pro 100 g liegt im niedrigen Bereich.

Zubereitungszeit: 20 Minuten
Backzeit: ca. 30 Minuten
Schwierigkeitsgrad: mittel

Sanfte Herzen

32 Stück

- 200 g gemahlene, blanchierte Mandeln
- 1 TL Backpulver
- 1 TL Johannisbrotkernmehl
- 1 EL gemahlene Vanille
- 1 Eigelb, Salz
- 2 TL Zucker
- 50 g kalte Butter
- 1 EL weißes Mandelmus
- 1 EL Haselnussmus
- Ausstecher in Herzform

1. Den Backofen auf 170° (Umluft 150°) vorheizen. Das Backblech mit Backpapier belegen. Mandeln, Backpulver, Johannisbrotkernmehl und Vanille mischen.

2. Eigelb, 1 Prise Salz und Zucker cremig rühren. Die kalte Butter in Flöckchen unterrühren. Mit der Mandelmischung zu einem glatten Teig verkneten.

3. Ein großes Stück Frischhaltefolie auf der Arbeitsfläche auslegen. Den Teig zu einem Rechteck formen und auf die Folie setzen. Eine zweite Lage Frischhaltefolie darüberlegen und den Teig zwischen den Folien mit einem Nudelholz etwa ½ cm dick ausrollen.

4. Aus dem Teig 16 Herzen ausstechen. Den übrigen Teig erneut wie beschrieben ausrollen und weitere 16 Herzen ausstechen. Alle Herzen auf das vorbereitete Backblech setzen.

5. 16 Herzen mit Mandelmus und 16 Herzen mit Haselnussmus bestreichen. Im Ofen (Mitte) etwa 10 Minuten backen.

1 Herz (12 g): 60 kcal, 1 g (7 E%) Eiweiß, 7 g (86 E%) Fett, 1 g (7 E%) Kohlenhydrate. Die Kohlenhydratdichte mit 8,3 g pro 100 g liegt im niedrigen Bereich.

Zubereitungszeit: 20 Minuten
Backzeit: ca. 10 Minuten
Schwierigkeitsgrad: mittel

Lebkuchenwürfel

Ergibt 25 Stück

- 250 g gemahlene, blanchierte Mandeln
- 2 TL Lebkuchengewürz
- ½ Päckchen Backpulver
- 3 Eier, Salz
- 30 g Zucker
- 3 EL Vollmilch (3,5 % Fett)
- 2 EL Rapsöl
- 50 g Mandeln
- 50 g Haselnusskerne
- 25 g Orangeat
- 25 g Zitronat

Küchenhelfer: Multi-Zerkleinerer

1. Den Backofen auf 170° (Umluft 150°) vorheizen. Das Backblech mit Backpapier belegen. Gemahlene Mandeln, Lebkuchengewürz und Backpulver mischen.

2. 1 Ei mit 1 Prise Salz und Zucker schaumig schlagen. Milch und Rapsöl unterrühren. Mit der Mandelmischung zu einem glatten Teig verkneten.

3. Mandeln, Haselnüsse, Orangeat und Zitronat fein hacken. 2 Eier verquirlen und mit der Nuss-Früchte-Mischung und dem Mandelteig zu einem glatten Teig verkneten.

4. Den Mandelknetteig auf dem Blech mit den Händen zu einem Quadrat von 20 × 20 cm formen. Die Oberfläche mit angefeuchteter Hand glatt streichen. Im Ofen (Mitte) etwa 20 Minuten backen.

5. Auskühlen lassen und in 25 Würfel schneiden.

1 Würfel (20 g): 90 kcal, 3 g (14 E%) Eiweiß, 8 g (72 E%) Fett, 3 g (14 E%) Kohlenhydrate. Die Kohlenhydratdichte mit 15 g pro 100 g liegt im mittleren Bereich.

Zubereitungszeit: 20 Minuten
Backzeit: ca. 20 Minuten
Schwierigkeitsgrad: einfach

Mohncookies mit Cashewkernen

30 Stück

- 200 g gemahlene, blanchierte Mandeln
- 1 TL Backpulver
- 1 TL Johannisbrotkernmehl
- 40 g gehackte Cashewkerne
- 1 Eigelb, Salz
- 2 TL Zucker
- 1 Fläschchen Vanillearoma
- 50 g kalte Butter
- 2 EL Mohn

1. Den Backofen auf 170° (Umluft 150°) vorheizen. Das Backblech mit Backpapier belegen. Mandeln, Backpulver, Johannisbrotkernmehl und Cashewkerne mischen.

2. Eigelb, 1 Prise Salz und Zucker cremig rühren. Das Vanillearoma und die kalte Butter in Flöckchen unterrühren. Mit der Mandelmischung zu einem glatten Teig verkneten.

3. Aus dem Teig eine Rolle (ø 4 cm) formen. Den Mohn auf einen flachen Teller geben und die Teigrolle darin wälzen, sodass sie rundum mit Mohn bedeckt ist. Mit einem scharfen, glatten Messer in 30 etwa 1 cm dicke Scheiben schneiden.

4. Mit ausreichendem Abstand auf das vorbereitete Blech setzen. Im Ofen (Mitte) 10–12 Minuten backen. Auskühlen lassen.

1 Cookie (15 g): 80 kcal, 3 g (13 E%) Eiweiß, 8 g (82 E%) Fett, 1 g (5 E%). Kohlenhydrate. Die Kohlenhydratdichte mit 6,7 g pro 100 g liegt im niedrigen Bereich.

Zubereitungszeit: 20 Minuten
Backzeit: ca. 12 Minuten
Schwierigkeitsgrad: mittel

SEITE 143

Mandelspekulatius

20 Stück

- 100 g gemahlene, blanchierte Mandeln
- 40 g Eiweißpulver (neutral)
- 50 g gehackte Mandeln
- ½ TL gemahlene Vanille
- ½ TL Zimt
- ¼ TL Nelkenpulver
- ¼ TL frisch geriebene Muskatnuss
- 1 Ei, Salz
- 40 g Vanillezucker
- 100 g kalte Butter
- 1 EL Mandelblättchen
- 1 EL Mehl zum Bestäuben
- Spekulatiusform

1. Den Backofen auf 170° (Umluft 150°) vorheizen. Das Backblech mit Backpapier belegen. Mandeln, Eiweißpulver, gehackte Mandeln, Vanille, Zimt, Nelkenpulver und Muskatnuss mischen.

2. Ei, 1 Prise Salz und Vanillezucker schaumig schlagen. Die Butter unterschlagen. Mit der Mandelmischung zu einem glatten Teig verkneten. Den Knetteig in Frischhaltefolie einschlagen und für 30 Minuten kühl stellen.

3. Die Spekulatiusform dünn mit Mehl bestäuben. Ein großes Stück Frischhaltefolie auf der Arbeitsfläche auslegen. Den Teig zu einem Rechteck formen und auf die Folie setzen. Eine zweite Lage Frischhaltefolie darüberlegen und den Teig dazwischen mit einem Nudelholz 3–4 mm dünn ausrollen. Die obere Lage Frischhaltefolie abziehen.

4. Die Spekulatiusform in den Teig drücken und die Teigfiguren mit einem Messer ausschneiden. Auf das Blech legen und mit Mandelblättchen bestreuen. Im Ofen (Mitte) etwa 15 Minuten backen. Anschließend abkühlen lassen.

Tipp: Statt spezieller Spekulatiusformen können Sie auch beliebige Plätzchenförmchen verwenden.

Kohlenhydrat-Spareffekt: Mit einem dieser LOGIschen Spekulatius sparen Sie gegenüber einem herkömmlichen Weizenmehlspekulatius etwa 8 g Kohlenhydrate ein.

1 Spekulatius (20 g): 95 kcal, 4 g (17 E%) Eiweiß, 8 g (70 E%) Fett, 3 g (13 E%) Kohlenhydrate. Die Kohlenhydratdichte mit 15 g pro 100 g liegt im mittleren Bereich.

Zubereitungszeit: 10 Minuten
Kühlzeit: 30 Minuten
Backzeit: ca. 15 Minuten
Schwierigkeitsgrad: einfach

KEKSE & CO.
FÜR LOGI-KRÜMELMONSTER.

Aprikosenprinten

10 Stück

- 40 g getrocknete Aprikosen
- 1 unbehandelte Zitrone
- 2 Eiweiße, Salz
- 1 TL Flüssigsüßstoff oder 8 Tropfen Stevia Fluid
- 120 g gemahlene, blanchierte Mandeln
- 20 g Eiweißpulver (neutral)
- 1 gestrichener TL Zimt

1. Den Backofen auf 170° (Umluft 150°) vorheizen. Das Backblech mit Backpapier belegen. Die Aprikosen in feine Würfelchen schneiden. Die Zitrone heiß waschen, trocken tupfen und die Schale abreiben.

2. Die Eiweiße mit 1 Prise Salz steif schlagen. Den Süßstoff unterrühren. Mit Mandeln, Eiweißpulver, Zimt, Zitronenabrieb und den Aprikosenwürfelchen zu einem glatten Teig verkneten.

3. Ein großes Stück Frischhaltefolie auf der Arbeitsfläche auslegen. Den Teig zu einem Rechteck formen und auf die Folie setzen. Eine zweite Lage Frischhaltefolie darüberlegen und den Teig dazwischen mit einem Nudelholz zu einem großen, etwa ½ cm dicken Rechteck ausrollen. Mit einem scharfen, glatten Messer 4 × 6 cm große Printen ausschneiden.

4. Die Printen auf das Backblech setzen. Im Ofen (Mitte) etwa 10 Minuten backen. Anschließend abkühlen lassen.

1 Printe (20 g): 75 kcal, 4 g (22 E%) Eiweiß, 6 g (67 E%) Fett, 2 g (11 E%) Kohlenhydrate. Die Kohlenhydratdichte mit 10 g pro 100 g liegt im niedrigen Bereich.

Zubereitungszeit: 20 Minuten
Backzeit: ca. 10 Minuten
Schwierigkeitsgrad: einfach

Dominodoppelsteine

32 Stück

- 1 Eiweiß, Salz
- Schale von ½ unbehandelten Zitrone
- 1 EL Flüssigsüßstoff oder 16 Tropfen Stevia Fluid
- 60 g gemahlene, blanchierte Mandeln
- 10 g Eiweißpulver (neutral)
- ½ gestrichener TL Zimt
- 30 g Schokotröpfchen

1. Den Backofen auf 170° (Umluft 150°) vorheizen. Das Backblech mit Backpapier belegen. Das Eiweiß mit 1 Prise Salz steif schlagen. Den Süßstoff unterrühren.

2. Die Zitrone heiß waschen und trocken tupfen. Die Schale von ½ Zitrone abreiben. Mandeln, Eiweißpulver, Zimt und Zitronenabrieb mischen. Mit dem Eiweiß zu einem glatten Teig verkneten.

3. Ein großes Stück Frischhaltefolie auf der Arbeitsfläche auslegen. Den Teig zu einem Rechteck formen und auf die Folie setzen. Eine zweite Lage Frischhaltefolie darüberlegen und den Teig zwischen den Folien mit einem Nudelholz zu einem etwa 16 × 16 cm großen Quadrat ausrollen.

4. Die Teigplatte in 2 × 4 cm große Rechtecke schneiden. Mit dem Messerrücken mittig quer eine Teilung eindrücken. Die Schokotröpfchen wie die Augen eines Dominosteins anordnen und leicht eindrücken. Auf das vorbereitete Blech setzen und im Ofen (Mitte) etwa 10 Minuten backen. Auskühlen lassen.

1 Stück (4 g): 15 kcal, 1 g (27 E%) Eiweiß, 2 g (59 E%) Fett, <1 g (14 E%) Kohlenhydrate. Die Kohlenhydratdichte mit 12,5 g pro 100 g liegt im mittleren Bereich.

Zubereitungszeit: 20 Minuten
Backzeit: ca. 10 Minuten
Schwierigkeitsgrad: einfach

Mandelmakronen

12 Stück

- 12 Oblaten
- 3 EL Mandelblättchen
- 3 EL gemahlene Mandeln
- 2 TL dunkles Kakaopulver
- 1 schwach gehäufter TL Backpulver
- 1 Eiweiß, Salz
- 1 schwach gehäufter EL Puderzucker
- 20 g Butter
- 1 EL Mandelmus
- 1 EL Nusslikör
- ½ TL gemahlene Vanille
- ½ TL Zimt

1. Den Backofen auf 200° (Umluft 180°) vorheizen. Das Backblech mit Backpapier belegen und die Oblaten daraufsetzen. Die Mandelblättchen in einer beschichteten Pfanne ohne Fett rösten. Abkühlen lassen.

2. Die Mandelblättchen mit den gemahlenen Mandeln, 1 TL Kakaopulver und dem Backpulver mischen. Das Eiweiß mit 1 Prise Salz halbsteif schlagen. Den Puderzucker einrieseln lassen und das Eiweiß steif schlagen.

3. Butter und Mandelmus in einem Topf zerlassen. 1 TL Kakaopulver, Nusslikör, gemahlene Vanille und Zimt zufügen und alles glatt verrühren. Den Topf von der heißen Herdplatte nehmen.

4. Die Mandelmischung unterrühren. Den Eischnee unterheben. Jeweils 1 EL Mandelmasse auf die Oblaten setzen. Im Ofen (Mitte) etwa 15 Minuten backen. Auskühlen lassen.

1 Makrone (13 g): 55 kcal, 2 g (12 E%) Eiweiß, 5 g (77 E%) Fett, 1 g (8 E%) Kohlenhydrate und <1 g (3 E%) Alkohol. Die Kohlenhydratdichte mit 7,7 g pro 100 g liegt im niedrigen Bereich.

Zubereitungszeit: 15 Minuten
Backzeit: ca. 15 Minuten
Schwierigkeitsgrad: einfach

KEKSE & CO.
FÜR LOGI-KRÜMELMONSTER.

Vanillekipferl

20 Stück

- 120 g gemahlene, blanchierte Mandeln
- 20 g Eiweißpulver (Vanille)
- 2 TL gemahlene Vanille
- ½ TL Johannisbrotkernmehl
- 1 Eigelb, Salz
- 10 g Zucker
- 80 g weiche Butter
- 5 g Puderzucker zum Bestäuben

1. Den Backofen auf 190° (Umluft 170°) vorheizen. Das Backblech mit Backpapier belegen. Die Mandeln sieben. Mit Eiweißpulver, Vanille und Johannisbrotkernmehl mischen.

2. Eigelb, 1 Prise Salz und Zucker cremig rühren. Die Butter unterrühren. Mit der Mandelmischung zu einem glatten Teig verkneten.

3. Den Teig zu einer Rolle formen und in 20 Scheiben schneiden. Jede Scheibe zu kleinen Hörnchen formen und aufs Blech legen. Im Ofen (Mitte) etwa 10 Minuten backen.

4. Anschließend etwa 10 Minuten abkühlen lassen, dann hauchfein mit dem Puderzucker bestäuben.

Kohlenhydrat-Spareffekt: Mit jedem dieser Vanillekipferl sparen Sie gegenüber einem herkömmlichen Vanillekipferl etwa 7 g Kohlenhydrate ein.

1 Kipferl (15 g): 80 kcal, 2 g (10 E%) Eiweiß, 7 g (85 E%) Fett, <1 g (5 E%) Kohlenhydrate. Die Kohlenhydratdichte mit 6,7 g pro 100 g liegt im niedrigen Bereich.

Zubereitungszeit: 45 Minuten
Backzeit: ca. 10 Minuten
Schwierigkeitsgrad: einfach

Cantuccini

Ergibt 30 Stück

- 20 g gehackte Mandeln
- 100 g gemahlene, blanchierte Mandeln
- 10 g Eiweißpulver (neutral)
- 2 Eier, Salz
- 50 g Zucker oder 1 TL Flüssigsüßstoff oder 4 Tropfen Stevia Fluid
- 1 Fläschchen Bittermandelaroma
- 50 g abgezogene Mandeln

1. Den Backofen auf 200° (Umluft 180°) vorheizen. Das Backblech mit Backpapier belegen. Gehackte und gemahlene Mandeln mit dem Eiweißpulver mischen.

2. Eier, 1 Prise Salz und Zucker schaumig schlagen. Das Aroma unterrühren. Mit der Mandelmischung zu einem glatten Teig verkneten. Die abgezogenen Mandeln unterkneten.

3. Den Teig auf dem Blech zu einem langen Cantuccinistrang von 5 cm Breite formen. Im Ofen (Mitte) 30–35 Minuten backen.

4. Etwas abkühlen lassen. Dann den Strang mit einem scharfen, glatten Messer in 1 cm breite Cantuccini schneiden.

Kohlenhydrat-Spareffekt: Mit einem dieser Cantuccini sparen Sie gegenüber einem herkömmlichen Cantuccini etwa 5 g Kohlenhydrate ein.

1 Stück (12 g): 45 kcal, 2 g (18 E%) Eiweiß, 4 g (64 E%) Fett, 2 g (18 E%) Kohlenhydrate. Die Kohlenhydratdichte mit 16,7 g pro 100 g liegt im mittleren Bereich.

Zubereitungszeit: 10 Minuten
Backzeit: ca. 35 Minuten
Schwierigkeitsgrad: einfach

SEITE 151

Rüblimakronen

10 Stück

- **10 Oblaten**
- **1 kleine Möhre** (60 g, geschält gewogen)
- **100 g roter Apfel** (geschält gewogen, z. B. Braeburn, Red Delicious)
- **1 Ei, Salz**
- **20 g Honig**
- **50 g gemahlene Haselnüsse**
- **20 g gehobelte Haselnüsse**

1. Den Backofen auf 160° (Umluft 140°) vorheizen. Das Backblech mit Backpapier belegen und die Oblaten daraufsetzen. Die Möhre putzen und fein raspeln. Den Apfel waschen und grob raspeln.

2. Ei, 1 Prise Salz und Honig schaumig schlagen. Gut mit den Möhren- und Apfelraspeln sowie den gemahlenen und gehobelten Haselnüssen vermengen. Jeweils 1 EL Teig auf die Oblaten setzen.

3. Im Ofen (Mitte) etwa 15 Minuten backen. Auskühlen lassen.

1 Makrone (35 g): 70 kcal, 2 g (12 E%) Eiweiß, 5 g (65 E%) Fett, 4 g (23 E%) Kohlenhydrate. Die Kohlenhydratdichte mit 11,4 g pro 100 g liegt im niedrigen Bereich.

Zubereitungszeit: 15 Minuten
Backzeit: ca. 15 Minuten
Schwierigkeitsgrad: einfach

SEITE 153

Mohnrauten

Ergibt 8 Stück

Für den Teig:
- 150 g gemahlene, blanchierte Mandeln
- ½ Päckchen Backpulver
- 1 Ei, Salz
- 15 g Zucker
- 50 g Magerquark
- 3 EL Vollmilch (3,5 % Fett)
- 2 EL Rapsöl

Für den Belag:
- 100 g Frischkäse (12 % Fett absolut)
- 1 Päckchen Vanillezucker
- 60 ml Vollmilch (3,5 % Fett)
- 50 g gemahlener Mohn

1. Den Backofen auf 170° (Umluft 150°) vorheizen. Das Backblech mit Backpapier belegen. Die Mandeln mit dem Backpulver mischen.

2. Ei, 1 Prise Salz und Zucker schaumig schlagen. Quark, Milch und Rapsöl unterrühren. Mit der Mandelmischung zu einem glatten Teig verrühren.

3. Den Teig aufs Blech geben und mit den Händen zu einer großen Raute von 20 × 24 cm formen. Die Oberfläche mit angefeuchteter Hand glatt streichen.

4. Frischkäse, Zucker, Milch und Mohn gut verrühren. Die Creme gleichmäßig auf dem Teig verteilen. Im Ofen (Mitte) etwa 25 Minuten backen.

5. Abkühlen lassen und mit einem scharfen, glatten Messer der Länge nach einmal quer und dann viermal diagonal schneiden, sodass 8 Rauten à 10 × 6 cm entstehen.

1 Raute (65 g): 200 kcal, 8 g (16 E%) Eiweiß, 17 g (74 E%) Fett, 5 g (10 E%) Kohlenhydrate. Die Kohlenhydratdichte mit 7,5 g pro 100 g liegt im niedrigen Bereich.

Zubereitungszeit: 20 Minuten
Backzeit: ca. 25 Minuten
Schwierigkeitsgrad: einfach

SEITE 155

Saftiger Bananenkuchen

Ergibt 10 Stücke

- 2 reife Bananen
- 150 g gemahlene, blanchierte Mandeln
- ½ Päckchen Backpulver
- 3 Eier, Salz
- 1 EL Honig
- 50 g weiche Butter
- 200 g Magerquark
- Butter und Mehl für die Form
- Kastenform (25 cm)

1. Den Backofen auf 170° (Umluft 150°) vorheizen. Die Backform mit Butter einfetten und mit etwas Mehl bestäuben.

2. Die Bananen schälen. Von 1 Banane zunächst 5 gleichmäßige Scheiben abschneiden und beiseite legen. Die übrigen Bananen in etwa 1 cm lange Stücke schneiden und pürieren. Die Mandeln mit dem Backpulver mischen.

3. Die Eier mit 1 Prise Salz und dem Honig schaumig schlagen. Butter, Quark und Bananenpüree unterrühren. Mit der Mandelmischung zu einem glatten Teig verrühren.

4. Den Teig in die Form geben und glatt streichen. Die 5 Bananenscheiben gleichmäßig obenauf verteilen. Im Ofen (Mitte) 30–40 Minuten backen. Anschließend auskühlen lassen.

Kohlenhydrat-Spareffekt: Mit einem Stück Bananenkuchen nach diesem Rezept sparen Sie gegenüber einem herkömmlichen Stück Bananenkuchen 25 g Kohlenhydrate ein.

1 Stück (90 g): 150 kcal, 10 g (27 E%) Eiweiß, 16 g (51 E%) Fett, 8 g (22 E%) Kohlenhydrate. Die Kohlenhydratdichte mit 8,9 g pro 100 g liegt im niedrigen Bereich.

Zubereitungszeit: 15 Minuten
Backzeit: ca. 40 Minuten
Schwierigkeitsgrad: einfach

Saftiger Mandelkuchen

Ergibt 10 Stücke

- 150 g gemahlene, blanchierte Mandeln
- 2 EL Weizenmehl
- 2 EL Weizenkleie
- 1 TL Zimt
- ½ Päckchen Backpulver
- 2 Eier
- 100 g Apfelmus (aus dem Glas)
- 200 g Magerquark
- 1 TL Mandelblättchen
- ½ roter Apfel (z. B. Red Delicious)
- Butter und Mehl für die Form
- Kastenform (25 cm)

1. Den Backofen auf 170° (Umluft 150°) vorheizen. Die Backform mit Butter einfetten und mit etwas Mehl bestäuben.

2. Mandeln, Mehl, Weizenkleie, Zimt und Backpulver mischen. Eier, Apfelmus und Quark cremig rühren. Mit der Mandelmischung zu einem glatten Teig verrühren. Den Teig in die Form geben und glatt streichen.

3. Das Kerngehäuse des gewaschenen halben Apfels herausschneiden und den Apfel in dünne Spalten schneiden. Den Teig damit belegen und mit den Mandelblättchen überstreuen.

4. Im Ofen (Mitte) 30–40 Minuten backen. Anschließend auskühlen lassen.

1 Stück (60 g): 140 kcal, 8 g (23 E%) Eiweiß, 11 g (64 E%) Fett, 5 g (13 E%) Kohlenhydrate. Die Kohlenhydratdichte mit 8,9 g pro 100 g liegt im niedrigen Bereich.

Zubereitungszeit: 15 Minuten
Backzeit: ca. 40 Minuten
Schwierigkeitsgrad: einfach

Früchtekuchen

Ergibt 10 Stücke

- 90 g Trockenfrüchte (z. B. getrocknete Pflaumen)
- 80 g gemahlene, blanchierte Mandeln
- 1 EL Weizenmehl
- ½ Päckchen Backpulver
- 3 Eier, Salz
- 15 g Zucker
- 200 g Magerquark
- 1 EL Mandelsplitter
- Butter und Fett für die Form
- Kastenform (25 cm)

1. Den Backofen auf 170° (Umluft 150°) vorheizen. Die Backform mit Butter einfetten und mit etwas Mehl bestäuben.

2. Die Trockenfrüchte in ganz feine Streifen oder Würfelchen schneiden. Mandeln, Mehl und Backpulver mischen.

3. Die Eier mit 1 Prise Salz, Zucker und Quark cremig rühren. Mit der Mandelmischung zu einem glatten Teig verrühren. Die Trockenfrüchte unterziehen.

4. Den Teig in die Form geben und glatt streichen. Mit den Mandelsplittern bestreuen. Im Ofen (Mitte) 30–40 Minuten backen. Anschließend auskühlen lassen.

1 Stück (60 g): 135 kcal, 7 g (21 E%) Eiweiß, 7 g (49 E%) Fett, 10 g (30 E%) Kohlenhydrate. Die Kohlenhydratdichte mit 16,7 g pro 100 g liegt im mittleren Bereich.

Zubereitungszeit: 15 Minuten
Backzeit: ca. 40 Minuten
Schwierigkeitsgrad: einfach

Haselnusskuchen

Ergibt 10 Stücke

- 100 g gemahlene Haselnüsse
- 1 EL Weizenmehl
- ½ Päckchen Backpulver
- 3 Eier, Salz
- 30 g Zucker
- 200 g Magerquark
- 30 g gehackte Haselnüsse
- 10 g gehobelte Haselnüsse
- Butter und Mehl für die Form
- **Kastenform** (25 cm)

1. Den Backofen auf 170° (Umluft 150°) vorheizen. Die Backform mit Butter einfetten und mit etwas Mehl bestäuben. Gemahlene Haselnüsse, Mehl und Backpulver mischen.

2. Die Eier mit 1 Prise Salz, Zucker und Quark cremig rühren. Mit der Haselnussmischung zu einem glatten Teig verrühren. Die gehackten Nüsse unterheben.

3. Den Teig in die Form geben und glatt streichen. Mit den gehobelten Nüssen bestreuen. Im Ofen (Mitte) etwa 40 Minuten backen. Auskühlen lassen.

1 Stück (60 g): 150 kcal, 7 g Eiweiß (19 E%), 11 g Fett (66 E%), 6 g Kohlenhydrate (15 E%). Die Kohlenhydratdichte mit 10 g pro 100 g liegt im niedrigen Bereich.

Zubereitungszeit: 15 Minuten
Backzeit: 40 Minuten
Schwierigkeitsgrad: einfach

Stachelbeertorte

Ergibt 10 Stücke

Für den Teig:
- 125 g gemahlene, blanchierte Mandeln
- 1 TL Backpulver
- 1 TL Johannisbrotkernmehl
- 2 Eier + 1 Eiweiß, Salz
- Zitronensaft
- 1 Päckchen Vanillezucker
- 30 g weiche Butter
- 20 g Eiweißpulver (neutral)
- Butter für die Form

Für den Belag:
- 300 g frische Stachelbeeren
- 2 Blatt weiße Gelatine
- 1 Päckchen Tortenguss
- 1 TL Zucker
- ½ TL Johannisbrotkernmehl
- 150 g Vollmilchjoghurt (3,5 % Fett)
- ¼ TL gemahlene Vanille oder ausgekratztes Mark 1 Vanilleschote
- 150 g Sahne
- 2 EL Mandelblättchen
- 2 TL dunkles Kakaopulver
- **Springform** (ø 24 cm), Tortenring

1. Den Backofen auf 175° (Umluft 160°) vorheizen. Die Form mit Butter einfetten und mit wenig Mehl bestäuben. Die Mandeln fein sieben. Mit Backpulver und Johannisbrotkernmehl mischen. Das Eiweiß mit 1 Prise Salz und 1 Spritzer Zitronensaft steif schlagen.

2. Die Eier mit dem Vanillezucker schaumig schlagen. Die Butter unterschlagen. Das Eiweißpulver unter Rühren einrieseln lassen. Mit der Mandelmischung zu einem glatten Teig verrühren. Das Eiweiß unterheben.

3. Den Teig in die Form geben und glatt streichen. Im Ofen (Mitte) 25–30 Minuten backen. Herausnehmen, nach 5 Minuten aus der Form lösen und auskühlen lassen.

4. Dann erst die Stachelbeeren waschen, halbieren und auf dem Tortenboden verteilen. Die Torte mit einem Tortenring umschließen. Die Gelatine 8–10 Minuten in kaltem Wasser einweichen.

5. Tortenguss, Zucker und Johannisbrotkernmehl mischen und mit 250 ml kaltem Wasser in einem kleinen Topf glatt rühren. Unter Rühren zum Kochen bringen und einmal aufkochen lassen. ½ Minute abkühlen lassen, dann gleichmäßig über die Stachelbeeren verteilen und fest werden lassen.

6. Den Joghurt mit der Vanille glatt rühren. Die Sahne steif schlagen. Die Gelatineblätter einzeln leicht ausdrücken und in einem kleinen Topf bei schwacher Hitzezufuhr erwärmen, bis sich die Gelatine aufgelöst hat. Dann zügig 2 EL Vanillejoghurt einrühren und diese Mischung sofort unter den Vanillejoghurt rühren.

7. Zwei Drittel der Sahne unterheben. Die übrige Sahne abgedeckt kühl stellen. Die Joghurtsahne gleichmäßig auf den Stachelbeeren verstreichen. Die Torte 2 Stunden abgedeckt kalt stellen.

8. Kurz vor dem Servieren den Tortenring entfernen und die Torte ringsum mit Sahne bestreichen. Darauf die Mandelblättchen streuen, leicht andrücken. Das Kakaopulver durch ein kleines Sieb auf die Torte sieben.

1 Stück (90 g): 175 kcal, 7 g (16 E%) Eiweiß, 14 g (71 E%) Fett, 6 g (13 E%) Kohlenhydrate. Die Kohlenhydratdichte mit 6,7 g pro 100 g liegt im niedrigen Bereich.

Zubereitungszeit: 60 Minuten
Backzeit: ca. 30 Minuten
Kühlungszeit: 2 Stunden
Schwierigkeitsgrad: mittel

Eierlikörtorte

Ergibt 8 Stücke

- 135 g gemahlene Haselnüsse
- 15 g gehackte Haselnüsse
- 1 schwach gehäufter TL Backpulver
- 3 Eier, Salz
- 1 Päckchen Vanillezucker
- 1 TL Zucker
- 3 EL Eierlikör
- 1 TL dunkles Kakaopulver
- 50 g weiche Butter
- 200 g Sahne
- 1 Päckchen Sahnesteif
- 10 g Schokoladenraspel
- **Butter und Kokosraspel für die Form**
- **Mini-Springform** (ø 18–20 cm), Tortenring

1. Den Backofen auf 180° (160° Umluft) vorheizen. Die Kuchenform mit Butter einfetten und mit Kokosraspeln ausstreuen. Die gemahlenen und gehackten Nüsse in einer Schüssel mit dem Backpulver mischen.

2. Die Eier trennen. Das Eiweiß mit 1 Prise Salz steif schlagen, kühl stellen. Die Eigelbe mit dem Vanillezucker und dem Zucker cremig rühren. 1 EL Eierlikör, Kakaopulver und Butter unterrühren. Unter Rühren nach und nach die Nussmischung zugeben.

3. Das Eiweiß unterziehen. Den Teig in die Form geben. Im Ofen (Mitte) 25–30 Minuten backen. Anschließend herausnehmen, nach 5 Minuten aus der Form lösen und abkühlen lassen.

4. Die Sahne mit dem Sahnesteif steif schlagen. Die Torte mit einem Tortenring umschließen und den Boden gleichmäßig mit der Sahne bestreichen. 2 EL Eierlikör in feinen Linien dekorativ vom Löffel auf die Torte träufeln. Mit Schokoraspeln bestreuen.

Kohlenhydrat-Spareffekt: Mit einem Stück dieser Eierlikörtorte sparen Sie gegenüber einem herkömmlichen Stück Eierlikörtorte über 50 % Kohlenhydrate ein.

1 Stück (80 g): 285 kcal, 6 g (8 E%) Eiweiß, 27 g (82 E%) Fett, 6 g (9 E%) Kohlenhydrate, und <1 g (1 E%) Alkohol. Die Kohlenhydratdichte mit 7,5 g pro 100 g liegt im niedrigen Bereich.

Zubereitungszeit: 20 Minuten
Backzeit: ca. 30 Minuten
Kühlungszeit: 2 Stunden
Schwierigkeitsgrad: einfach

SEITE 163

Kirschkuchen

Ergibt 10 Stücke

- **225 g Schattenmorellen** (aus dem Glas, ungezuckert)
- **125 g gemahlene, blanchierte Mandeln**
- **1 TL Backpulver**
- **1 TL Johannisbrotkernmehl**
- **1 Eiweiß, Salz**
- **wenige Tropfen Zitronensaft**
- **2 Eier**
- **1 Päckchen Vanillezucker**
- **¼ TL gemahlene Vanille**
- **1 schwach gehäufter EL dunkles Kakaopulver**
- **20 g weiche Butter**
- **10 EL Mandelmus**
- **20 g Eiweißpulver** (neutral)
- **1 TL Puderzucker**
- **Butter für die Form**
- **Springform** (ø 24 cm)

1. Den Backofen auf 175° (Umluft 160°) vorheizen. Die Form mit Butter einfetten. Die Schattenmorellen in einem Sieb abtropfen lassen. 60 g Kirschen sehr klein hacken.

2. Die Mandeln fein sieben. Mit Backpulver und Johannisbrotkernmehl mischen. Das Eiweiß mit 1 Prise Salz und wenigen Tropfen Zitronensaft steif schlagen.

3. Die Eier mit Vanillezucker, Vanille und Kakaopulver schaumig rühren. Butter und Mandelmus unterschlagen. Eiweißpulver unter Rühren einrieseln lassen. Mit der Mandelmischung zu einem glatten Teig verrühren. Die gehackten Kirschen unterziehen. Das Eiweiß unterheben.

4. Den Teig in die Form geben und glatt verstreichen. Die abgetropften Kirschen darauf verteilen. Im Ofen (Mitte) 25–30 Minuten backen.

5. Herausnehmen, nach 5 Minuten aus der Form lösen und abkühlen lassen. Dann Puderzucker darübersieben und den Kuchen auskühlen lassen.

Kohlenhydrat-Spareffekt: Mit einem Stück LOGI-Kirschkuchen sparen Sie gegenüber einem herkömmlichen Stück Kirschkuchen aus Rührteig 19 g Kohlenhydrate ein.

1 Stück (70 g): 180 kcal, 8 g (18 E%) Eiweiß, 14 g (65 E%) Fett, 7 g (17 E%) Kohlenhydrate. Die Kohlenhydratdichte mit 10 g pro 100 g liegt im niedrigen Bereich.

Zubereitungszeit: 20 Minuten
Backzeit: ca. 30 Minuten
Schwierigkeitsgrad: einfach

Schmandkuchen mit Mandarinen

Ergibt 16 Stücke

- 125 g gemahlene, blanchierte Mandeln
- 1 TL Backpulver
- 1 TL Johannisbrotkernmehl
- 2 Eier + 1 Eiweiß, Salz
- wenige Tropfen Zitronensaft
- 1 unbehandelte Orange
- 175 g Mandarin-Orangen (Konserve)
- 1 Päckchen Vanillezucker
- ½ TL gemahlene Vanille
- ½ TL Zimt
- 30 g weiche Butter
- Orangenaroma
- 20 g Eiweißpulver (neutral)
- 400 g Schmand
- 250 g Magerquark
- 1 EL Puderzucker
- Butter und Mehl für die Form
- Springform (ø 24 cm)

1. Den Backofen auf 175° (Umluft 160°) vorheizen. Die Form mit Butter einfetten und dünn mit Mehl bestäuben. Die Mandeln fein sieben. Mit Backpulver und Johannisbrotkernmehl mischen. Das Eiweiß mit 1 Prise Salz und wenigen Tropfen Zitronensaft steif schlagen.

2. Die Orange heiß waschen, trocken tupfen und die Hälfte der Schale abreiben. Den Saft von ½ Orange auspressen. Die Mandarinorangen in einem Sieb abtropfen lassen, den Saft auffangen.

3. Die Eier mit Vanillezucker, Vanille und Zimt schaumig rühren. 2 EL Orangensaft, Orangenschale und Orangenaroma unterrühren. Butter unterschlagen. Eiweißpulver unter Rühren einrieseln lassen. Mit der Mandelmischung zu einem glatten Teig verrühren. Das Eiweiß unterheben.

4. Den Teig in die Form geben und glatt verstreichen. Schmand, Quark, Puderzucker und 2 EL Mandarinensaft cremig verrühren. Gleichmäßig auf dem rohen Teig verstreichen. Die Mandarinorangen darauf verteilen.

5. Im Ofen (Mitte) etwa 45 Minuten backen. Herausnehmen, nach 5 Minuten aus der Form lösen und auskühlen lassen.

Kohlenhydrat-Spareffekt: Mit einem Stück dieses Schmandkuchens mit Mandarinorangen sparen Sie gegenüber einem herkömmlichen Stück Schmandkuchen aus Rührteig 13 g Kohlenhydrate ein.

1 Stück (80 g): 165 kcal, 7 g (18 E%) Eiweiß, 13 g (69 E%) Fett, 5 g (13 E%) Kohlenhydrate. Die Kohlenhydratdichte mit 6,3 g pro 100 g liegt im niedrigen Bereich.

Zubereitungszeit: 25 Minuten
Backzeit: ca. 45 Minuten
Schwierigkeitsgrad: einfach

Apfelkuchen

Ergibt 10 Stücke

- 300 g Äpfel (geschält gewogen)
- 125 g gemahlene, blanchierte Mandeln
- 1 TL Backpulver
- 1 TL Johannisbrotkernmehl
- 2 Eier + 1 Eiweiß, Salz
- wenige Tropfen Zitronensaft
- 1 Päckchen Vanillezucker
- 1 TL Zimt
- 30 g weiche Butter
- 50 g Apfelmus (aus dem Glas, ohne Zuckerzusatz)
- 20 g Eiweißpulver (neutral)
- Butter für die Form
- Springform (ø 24 cm)

1. Den Backofen auf 175° (Umluft 160°) vorheizen. Die Form mit Butter einfetten. Die Äpfel schälen, vierteln, das Kerngehäuse herausschneiden und die Äpfel in Spalten schneiden.

2. Die Mandeln fein sieben. Mit Backpulver und Johannisbrotkernmehl mischen. Das Eiweiß mit 1 Prise Salz und wenigen Tropfen Zitronensaft steif schlagen.

3. Die Eier mit Vanillezucker und ½ TL Zimt schaumig rühren. Butter und Apfelmus unterschlagen. Eiweißpulver unter Rühren einrieseln lassen. Mit der Mandelmischung zu einem glatten Teig verrühren. Das Eiweiß unterheben.

4. Den Teig in die Form geben und glatt verstreichen. Die Apfelspalten darauf verteilen. Mit ½ TL Zimt hauchfein überpudern. Im Ofen (Mitte) 25–30 Minuten backen. Herausnehmen, nach 5 Minuten aus der Form lösen und auskühlen lassen.

Kohlenhydrat-Spareffekt: Mit einem Stück dieses Apfelkuchens sparen Sie gegenüber einem herkömmlichen Stück Apfelkuchen aus Rührteig 15 g Kohlenhydrate ein.

1 Stück (70 g): 145 kcal, 6 g (17 E%) Eiweiß, 11 g (67 E%) Fett, 6 g (16 E%) Kohlenhydrate. Die Kohlenhydratdichte mit 8,6 g pro 100 g liegt im niedrigen Bereich.

Zubereitungszeit: 20 Minuten
Backzeit: ca. 30 Minuten
Schwierigkeitsgrad: einfach

SEITE 167

Mangocremetorte

Ergibt 8 Stücke

Für den Teig:
- 20 g Kokosmehl
- 40 g Kokosraspel
- 1 gehäufter EL dunkles Kakaopulver
- ¼ TL Backpulver
- 2 Eier, Salz
- 2 Päckchen Vanillezucker
- 50 g weiche Butter

Für die Creme:
- 40 g Kokosraspel
- 150 g Mango (geschält gewogen)
- 200 g Vollmilchjoghurt (3,5 % Fett)
- 15 g Kokosmilch (ungezuckert)
- 1 EL Zitronensaft
- 3 Blatt weiße Gelatine
- 100 g Sahne
- 1 TL Kokoslikör
- 1 gestrichener EL Kokosraspel
- Himbeeren für die Deko (frisch oder TK)
- Mini-Springform (ø 18–20 cm), Tortenring

1. Den Backofen auf 175° (Umluft 160°) vorheizen. Die Form mit Butter einfetten. Kokosmehl, Kokosraspel, Kakao und Backpulver mischen. Die Eier trennen. Das Eiweiß mit 1 Prise Salz steif schlagen.

2. Die Eigelbe mit Zucker schaumig rühren. Die Butter unterschlagen. Dann mit der Kokosmischung zu einem glatten Teig verrühren. Das Eiweiß unterheben.

3. Den Teig in die Form geben. Im Ofen (Mitte) etwa 30 Minuten backen. Herausnehmen, nach 5 Minuten aus der Form lösen und auskühlen lassen.

4. Wenn der Boden ausgekühlt ist, die Kokosraspel in eine kleine Schüssel geben und gerade so mit Wasser bedecken. 10 Minuten einweichen lassen. Inzwischen die Mango schälen, das Fruchtfleisch in Stücken vom Stein schneiden.

5. Die Mangostücke mit Joghurt, Kokosmilch und Zitronensaft pürieren, in eine Schüssel geben. Die Gelatine 8–10 Minuten in kaltem Wasser einweichen. Die Sahne steif schlagen.

6. Die eingeweichten Kokosraspel unter die Joghurtmasse rühren. Die Gelatineblätter einzeln leicht ausdrücken und in einem kleinen Topf bei schwacher Hitzezufuhr erwärmen, bis sich die Gelatine aufgelöst hat. Dann zügig 2 EL Mangocreme einrühren und diese Mischung sofort unter die Mangocreme rühren.

7. Den Kuchen mit einem Tortenring umschließen. Mit Kokoslikör beträufeln und die Mangocreme gleichmäßig darauf verteilen. Die Torte für mindestens 2 Stunden abgedeckt in den Kühlschrank stellen.

8. Den Tortenring vorsichtig entfernen. Die Torte mit Kokosraspeln und Himbeeren garnieren.

1 Stück (85 g): 225 kcal, 5 g (9 E%) Eiweiß, 19 g (76 E%) Fett, 8 g (15 E%) Kohlenhydrate. Die Kohlenhydratdichte mit 9,4 g pro 100 g liegt im niedrigen Bereich.

Zubereitungszeit: 60 Minuten
Backzeit: ca. 30 Minuten
Kühlzeit: 2 Stunden
Schwierigkeitsgrad: mittel

Marmorkuchen

Ergibt 12 Stücke

- 300 g gemahlene, blanchierte Mandeln
- 2 TL gemahlene Vanille
- 1 TL Backpulver
- 1 TL Johannisbrotkernmehl
- 4 Eier
- Salz
- 2 TL Zucker
- 1 EL Flüssigsüßstoff
- 4 EL Rapsöl
- 2 TL dunkles Kakaopulver
- Butter und Mehl für die Form
- kleine Napfkuchenform (ø 16 cm)

1. Den Backofen auf 170° (Umluft 150°) vorheizen. Die Backform mit Butter einfetten und dünn mit Mehl bestäuben. Mandeln, Vanille, Backpulver und Johannisbrotkernmehl mischen.

2. Die Eier trennen. Das Eiweiß mit 1 Prise Salz steif schlagen. Die Eigelbe mit dem Zucker cremig rühren. Süßstoff und Öl unterschlagen. Mit der Mandelmischung zu einem glatten Teig verkneten. Den Eischnee unterheben.

3. Die Hälfte des Teiges in die Form geben. Die andere Hälfte mit Kakaopulver verrühren. Den dunklen Teig auf dem hellen verteilen und die Teige mit einer Gabel spiralförmig ineinanderziehen.

4. Im Ofen (Mitte) etwa 40 Minuten backen. Herausnehmen, in der Form 15 Minuten abkühlen lassen, stürzen und auskühlen lassen.

Kohlenhydrat-Spareffekt: Mit einem Stück dieses Marmorkuchens sparen Sie im Vergleich zu einem herkömmlichen Stück Marmorkuchen 20 g Kohlenhydrate ein.

1 Stück (50 g): 200 kcal, 8 g (15 E%) Eiweiß, 20 g (81 E%) Fett, 2 g (4 E%) Kohlenhydrate. Die Kohlenhydratdichte mit 4 g pro 100 g liegt im niedrigen Bereich.

Zubereitungszeit: 25 Minuten
Backzeit: ca. 40 Minuten
Schwierigkeitsgrad: mittel

Möhren-Apfel-Kuchen

Ergibt 8 Stücke

- 180 g gemahlene, blanchierte Mandeln
- 2 ½ EL gehackte Haselnüsse
- 1 TL Johannisbrotkernmehl
- 1 TL Backpulver
- 200 g Möhren
- 1 säuerlicher Apfel (z. B. Boskop)
- 1 TL frisch geriebener Ingwer
- 1 Msp. Nelkenpulver
- ½ TL Zimt
- Rumaroma
- 2 EL Orangensaft
- 2 EL Nussöl (z. B. Walnussöl)
- 1 TL Honig
- Butter und Mehl für die Form
- kleine Brotbackform (20 cm)

1. Den Backofen auf 175° (160° Umluft) vorheizen. Die Form mit Butter einfetten und dünn mit Mehl bestäuben. Mandeln, 1 ½ EL gehackte Nüsse, Johannisbrotkernmehl und Backpulver mischen.

2. Die Möhren und den Apfel schälen und fein in eine Schüssel raspeln. Ingwer, Nelkenpulver, Zimt, 5 Tropfen Rumaroma, Orangensaft und Öl untermischen. Die Mandelmischung unterrühren. Mit Honig und bei Bedarf mit wenigen Spritzern Flüssigsüßstoff süßen.

3. Den Teig in die Form geben und glatt verstreichen. Mit 1 EL gehackten Nüssen bestreuen. Im Ofen (Mitte) etwa 45 Minuten backen. Herausnehmen, in der Form 5 Minuten abkühlen lassen, stürzen und auskühlen lassen.

1 Stück (70 g): 180 kcal, 5 g (11 E%) Eiweiß, 17 g (79 E%) Fett, 5 g (10 E%) Kohlenhydrate. Die Kohlenhydratdichte mit 5,7 g pro 100 g liegt im niedrigen Bereich.

Zubereitungszeit: 20 Minuten
Backzeit: ca. 45 Minuten
Schwierigkeitsgrad: einfach

Muffinsgrundteig

6 Stück

- 150 g gemahlene, blanchierte Mandeln
- 1 TL Natron
- 1 schwach gehäufter TL Johannisbrotkernmehl
- 2 Eier, Salz
- 1 TL Zucker
- 2 EL Rapsöl
- 1 TL Flüssigsüßstoff oder 8 Tropfen Stevia Fluid
- 80 ml Buttermilch
- kleines Muffinsblech (für 6 Muffins), Muffins-Papierbackförmchen

1. Den Backofen auf 180° (Umluft 160°) vorheizen. Die Backförmchen in die Vertiefungen des Muffinblechs setzen. Mandeln, Natron und Johannisbrotkernmehl mischen.

2. Die Eier mit Salz und Zucker schaumig rühren. Öl, Süßstoff und Buttermilch unterrühren. Die Mandelmischung zugeben und die feuchten mit den trockenen Zutaten nur gerade so lange verrühren, bis alle Zutaten vermischt sind.

3. Den Teig in die Förmchen füllen. Im Ofen (Mitte) 15–20 Minuten backen. Herausnehmen, die Muffins nach 5 Minuten in den Papiermanschetten aus dem Blech heben und auskühlen lasen.

Kohlenhydrat-Spareffekt: Mit einem dieser Muffins sparen Sie gegenüber einem herkömmlichen Muffin über 30 g Kohlenhydrate ein!

1 Muffin (60 g): 210 kcal, 8 g (15 E%) Eiweiß, 20 g (81 E%) Fett, 2 g (4 E%) Kohlenhydrate. Die Kohlenhydratdichte mit 3,3 g pro 100 g liegt im niedrigen Bereich.

Zubereitungszeit: 15 Minuten
Backzeit: ca. 20 Minuten
Schwierigkeitsgrad: einfach

Schoko-Bananen-Muffins

Die Muffins zubereiten wie beschrieben. Allerdings zusätzlich **30 g Schokoladenraspel** unter die trockenen Zutaten mischen. Außerdem **1 reife Banane** schälen und mit der Buttermilch pürieren. Dann unter die Eiercreme rühren.

1 Muffin (90 g): 230 kcal, 9 g (16 E%) Eiweiß, 21 g (66 E%) Fett, 10 g (18 E%) Kohlenhydrate. Die Kohlenhydratdichte mit 11 g pro 100 g liegt im niedrigen Bereich.

Blaubeermuffins

Die Muffins zubereiten wie beschrieben. Allerdings zusätzlich **200 g Blaubeeren** unter den fertig zubereiteten Teig ziehen.

1 Muffin (95 g): 200 kcal, 8 g (16 E%) Eiweiß, 20 g (74 E%) Fett, 5 g (10 E%) Kohlenhydrate. Die Kohlenhydratdichte mit 5,3 g pro 100 g liegt im niedrigen Bereich.

Orangenmuffins

Die Muffins zubereiten wie beschrieben. Allerdings zusätzlich die frisch abgeriebene **Schale von 2 Bio-Orangen** mit der Buttermilch unter die Eiercreme rühren.

1 Muffin (60 g): 210 kcal, 8 g (15 E%) Eiweiß, 20 g (81 E%) Fett, 2 g (4 E%) Kohlenhydrate. Die Kohlenhydratdichte mit 5,3 g pro 100 g liegt im niedrigen Bereich.

Leichte Himbeer-Joghurt-Torte

Ergibt 10 Stücke

- 20 g gemahlene, blanchierte Mandeln
- 30 g gemahlene Haselnüsse
- 20 g gehackte Haselnüsse
- 1 TL dunkles Kakaopulver
- 1 schwach gehäufter TL Backpulver
- 15 g Butter
- 10 g Haselnussmus
- 1 EL Eierlikör
- 1 schwach gehäufter TL gemahlene Vanille
- 2 Eiweiße, Salz
- 1 schwach gehäufter EL Puderzucker
- 4 Blatt weiße Gelatine
- 300 g Vollmilchjoghurt (3,5 % Fett)
- 100 g Magerquark
- 1 EL Honig
- 300 g frische Himbeeren
- Butter und Mehl für die Form
- kleine Springform (ø 18 cm), Tortenring

1. Den Backofen auf 200° (Umluft 180°) vorheizen. Die Form mit Butter einfetten und dünn mit Mehl bestäuben. Mandeln, Nüsse, Kakaopulver und Backpulver mischen.

2. Butter und Haselnussmus in einem Topf bei mittlerer Hitze zerlassen. Dann Eierlikör und ½ TL gemahlene Vanille zugeben und gut unterrühren. In die Nussmischung einrühren und alles sehr gut verrühren.

3. Das Eiweiß mit 1 Prise Salz halbsteif schlagen. Den Puderzucker einrieseln lassen und steif schlagen. Den Eischnee unter die Nussmasse ziehen. Den Teig in die Form geben. Im Ofen (Mitte) etwa 25 Minuten backen.

4. Den Kuchen herausnehmen und abkühlen lassen. Währenddessen die Gelatine 8–10 Minuten in kaltem Wasser einweichen. Joghurt, Quark, ½ TL gemahlene Vanille und den Honig cremig verrühren.

5. Die Gelatineblätter leicht ausdrücken und in einem kleinen Topf bei schwacher Hitzezufuhr erwärmen, bis sich die Gelatine aufgelöst hat. Dann zügig 2 EL Joghurtcreme einrühren und diese Mischung sofort unter die Joghurtcreme rühren. Die Hälfte der Himbeeren unterziehen.

6. Den Kuchen auf eine Tortenplatte legen und mit einem Tortenring umschließen. Die Himbeer-Joghurtcreme darauf glatt verstreichen. Mit den übrigen Himbeeren dicht belegen. Die Torte für mindestens 3 Stunden abgedeckt in den Kühlschrank stellen.

Tipp: Statt Himbeeren können Sie auch frische Blaubeeren, Erdbeeren oder Weintrauben verwenden.

1 Stück (90 g): 120 kcal, 5 g (18 E%) Eiweiß, 8 g (58 E%) Fett, 7 g (23 E%) Kohlenhydrate und < 1 g (1 E%) Alkohol. Die Kohlenhydratdichte mit 7,8 g pro 100 g liegt im niedrigen Bereich.

Zubereitungszeit: 35 Minuten
Backzeit: ca. 25 Minuten
Kühlzeit: 3 Stunden
Schwierigkeitsgrad: einfach

SEITE 175

Käsekuchen

Ergibt 8 Stücke

- 250 g Ricotta
- 200 g Magerquark
- 1 unbehandelte Zitrone
- 1 unbehandelte Orange
- 2 Eier, Salz
- 1 EL Weizenmehl
- 1 TL Johannisbrotkernmehl
- 1 Päckchen Vanillezucker
- 1 Fläschchen Zitronenaroma
- Butter und Kokosraspel für die Form
- kleine Springform (ø 18 cm)

1. Den Ricotta und den Quark in ein sauberes Geschirrtuch geben und in einem Sieb 30 Minuten abtropfen lassen. Anschließend mithilfe des Tuchs ausdrücken, bis keine Flüssigkeit mehr austritt.

2. Den Backofen auf 180° (Umluft 160°) vorheizen. Die Form mit Butter einfetten und mit Kokosraspeln ausstreuen. Die Zitrone und die Orange heiß waschen, trocken tupfen und jeweils die Schale abreiben.

3. In einer Schüssel den abgetropften Ricotta und Quark, Eier, 1 Prise Salz, Mehl, den Zitronen- und Orangenabrieb, Johannisbrotkernmehl, Vanillezucker und Zitronenaroma gut verrühren. Bei Bedarf etwas Flüssigsüße zufügen.

4. Den Teig in die Form geben und gleichmäßig verstreichen. Im Ofen (unten) 40–45 Minuten backen. Anschließend gut abkühlen lassen, dann erst den Ring öffnen und den Kuchen auskühlen lassen.

Kohlenhydrat-Spareffekt: Mit einem Stück dieses Käsekuchens ohne Boden sparen Sie gegenüber einem herkömmlichen Stück Käsekuchen 17–24 g Kohlenhydrate ein.

1 Stück (75 g): 95 kcal, 8 g (34 E%) Eiweiß, 5 g (48 E%) Fett, 4 g (18 E%) Kohlenhydrate. Die Kohlenhydratdichte mit 5,3 g pro 100 g liegt im niedrigen Bereich.

Zubereitungszeit 10 Minuten
Ruhezeit: 30 Minuten
Backzeit: ca. 45 Minuten
Schwierigkeitsgrad: einfach

REWE Besser leben.

Unser Tipp

Herrliche Cake-Pops – Ihre köstlichen Oster-Hingucker!

Dafür einen fertigen Kuchenteig fein zerkrümeln, etwas Butter und Frischkäse unterheben und verrühren, bis die Masse gut zu kleinen Kugeln formbar ist. Dann je nach Belieben Kuvertüre, dunkle oder helle Schokolade im Wasserbad schmelzen, Holzstäbchen hineintunken, in die Kugeln stecken und austrocknen lassen. Beim Eintauchen...

Rosenmehl Weizenmehl Type 405
1-kg-Btl.

AKTIONSPREIS
0.99
Ihr Preisvorteil: **23%!**

Dr. Oetker Bourbon Vanille Mühle
(100 g = 33,25)
12-g-Glas

Ihr Preisvorteil: **20%!**

Dr. Oetker

Finesse Geriebene Zitronenschale
Finesse Zeste de citron râpé

Finesse Natürliches Bourbon-Vanille Aroma
Finesse Arôme naturel Vanille Bourbon

Ihr Preisvorteil: **29%!**

www.rewe.de

REWE
Besser leben.

An die Löffel, fertig.

AKTIONSPREIS 1.69
Niederlande/Belgien:
Cherry Rispentomaten
Kl. I,
(1 kg = 4,83)
350-g-Pckg.

AKTIONSPREIS 0.77
Frisches
Schweine-Filet
100 g

Ihr Preisvorteil: 44%!
AKTIONSPREIS 0.49
Maggi
fix & frisch
versch. Sorten,
(100 g = 0,53-1,88)
26-92-g-Btl.

12. Woche 2015. Gültig ab 16.03.2015
SU-FR_FFSB-NF

Preise sind zeitlich begrenzt. Nur in teilnehmenden Märkten.

Wenn es ums Dekorieren geht, ist der Fantasie keine Grenze gesetzt. Greifen Sie zu Mandelkernhälften, Mini-Smarties, Kaffeebohnen, Schokoperlen, Kokosraspeln und Co., um den Cake-Pops ein Gesicht zu geben. Aber Achtung: Schnelligkeit ist gefragt, denn die Deko muss angebracht werden, solange die Glasur noch feucht ist!
Übrigens: Die flüssige Kuvertüre dient auch als Klebstoff für kleine Korrekturen mit einem Zahnstocher.

So hübsch kann Ostern sein!

Tante Fanny
Quiche- und Tarteteig
(1 kg = 3.30)
300-g-Pckg.

AKTIONSPREIS
0.99
Ihr Preisvorteil: 23%!

Sanella
ideal zum Backen,
(1 kg = 1.98)
500-g-Becher

AKTIONSPREIS
0.99
Ihr Preisvorteil: 41%!

Weihenstephan
Haltbare
Alpenmilch
1.5/3.5% Fett
1-l-Pckg.

AKTIONSPREIS
0.79
Ihr Preisvorteil: 27%!

Obsttörtchen

2 Stück

Für den Teig:
- 80 g gemahlene, blanchierte Mandeln
- ½ TL Backpulver
- 1 TL gemahlene Vanille
- 1 Ei
- 1 Päckchen Vanillezucker
- 25 g weiche Butter

Für den Belag:
- 1 Blatt weiße Gelatine
- 100 ml Vollmilch (3,5 % Fett)
- ½ Fläschchen Vanillearoma
- ½ Kiwi
- ¼ Orange
- 2 Tortelettförmchen (ø 10 cm)

1. Die Mandeln in eine Schüssel sieben. Backpulver und gemahlene Vanille untermischen. Das Ei mit dem Zucker cremig rühren. Die Butter unterschlagen. Mit der Mandelmischung zu einem glatten Teig verrühren. Den Teig etwa 15 Minuten ruhen lassen.

2. Inzwischen den Backofen auf 180° (Umluft 160°) vorheizen. Die Förmchen mit Butter einfetten und mit etwas Mehl bestäuben.

3. Den Teig in die Förmchen geben und glatt streichen. Im Ofen (Mitte) etwa 20 Minuten backen. Herausnehmen, aus den Förmchen stürzen und auskühlen lassen.

4. Währenddessen die Gelatine 8–10 Minuten in kaltem Wasser einweichen. Die Milch mit dem Vanillearoma verrühren. 3 EL Vanillemilch erwärmen. Die Gelatine ausdrücken und darin auflösen. Diese in die kalte Vanillemilch einrühren. Abgedeckt gut 20 Minuten kühl stellen.

5. Kiwi und Orange schälen. Die Kiwi in dünne Scheiben, die Orange in Würfelchen schneiden. Die Vanillecreme gleichmäßig auf den beiden Torteletts verstreichen. Dekorativ mit den Fruchtscheiben belegen. Noch einmal mindestens 30 Minuten abgedeckt kühl stellen.

Kohlenhydrat-Spareffekt: Mit diesem Obsttörtchen sparen Sie gegenüber einem herkömmlichen Obsttörtchen 50 g Kohlenhydrate ein!

1 Törtchen (180 g): 450 kcal, 14 g (13 E%) Eiweiß, 38 g (76 E%) Fett, 12 g (11 E%) Kohlenhydrate. Die Kohlenhydratdichte mit 6,7 g pro 100 g liegt im niedrigen Bereich.

Zubereitungszeit: 25 Minuten
Ruhezeiten: 65 Minuten
Backzeit: ca. 20 Minuten
Schwierigkeitsgrad: einfach

Gewürzkuchen

Ergibt 8 Stücke

- 100 g gemahlene, blanchierte Mandeln
- Schale von 1 unbehandelten Orange
- 100 g getrocknete Datteln
- ½ TL Natron
- 4 Eier, Salz
- 30 g Zucker oder 1 EL Flüssigsüßstoff oder 8 Tropfen Stevia Fluid
- ½ TL gemahlene Nelken
- ½ TL gemahlener Kardamon
- ½ TL Zimt
- Puderzucker zum Bestäuben
- Springform (ø 18 cm)

1. Den Backofen auf 200° (Umluft 180°) vorheizen. Die Mandeln in eine feuerfeste Form geben und im Ofen 10 Minuten rösten. Dabei mit einem Holzlöffel immer wieder durchmischen. Anschließend abkühlen lassen.

2. Die Ofentemperatur auf 170° (Umluft 150°) reduzieren. Die Form mit Butter einfetten und mit etwas Mehl bestäuben. Die Orange heiß waschen, trocken tupfen und die Schale abreiben. Die Datteln ganz fein hacken, 1 EL davon beiseite stellen.

3. Die Eier trennen. Das Eiweiß mit 1 Prise Salz steif schlagen. Die Eigelbe mit Zucker, Gewürzen und dem Orangenabrieb cremig rühren. Das Natron unter die gerösteten Mandeln mischen. Diese mit der Eiercreme zu einem glatten Teig verrühren.

4. Den Eischnee unter den Nussteig heben. Die Hälfte der Datteln unterziehen. Den Teig in die Form geben, glatt streichen und mit den restlichen Datteln bestreuen.

5. Im Ofen (Mitte) etwa 45 Minuten backen. Währenddessen die Ofentür nicht öffnen. Anschließend abkühlen lassen. Vor dem Servieren mit Puderzucker bestäuben.

1 Stück (50 g): 150 kcal, 7 g (19 E%) Eiweiß, 11 g (56 E%) Fett, 9 g (25 E%) Kohlenhydrate. Die Kohlenhydratdichte mit 18 g pro 100 g liegt im mittleren Bereich.

Zubereitungszeit: 25 Minuten
Backzeit: ca. 45 Minuten
Schwierigkeitsgrad: einfach

Erdbeerkuchen

Ergibt 12 Stücke

Für den Teig:
- 300 g gemahlene, blanchierte Mandeln
- 2 TL Backpulver
- 2 TL gemahlene Vanille
- 4 Eier (Größe L)
- 3 Päckchen Vanillezucker
- 80 g weiche Butter
- Butter und Mehl für die Form

Für den Belag:
- 500 g frische Erdbeeren
- 50 ml roter Beerensaft (z. B. Johannisbeer-, Erdbeer- oder Traubensaft)
- ½ TL Agar-Agar
- **Tortenbodenform** (ø 28 cm)

1. Die Mandeln fein sieben. Mit Backpulver und Vanille mischen. Die Eier mit Zucker cremig rühren. Die Butter unterschlagen. Mit der Mandelmischung zu einem glatten Teig verkneten. Den Teig etwa 15 Minuten ruhen lassen.

2. Inzwischen den Backofen auf 180° (Umluft 160°) vorheizen. Die Form mit Butter einfetten und dünn mit Mehl bestäuben.

3. Den Teig in die Form geben und glattstreichen. Im Ofen (Mitte) 20–25 Minuten backen. Herausnehmen, aus der Form stürzen und abkühlen lassen.

4. Die Erdbeeren behutsam waschen, entkelchen, halbieren und auf dem abgekühlten Tortenboden verteilen.

5. Den Beerensaft und 200 ml kaltes Wasser in einen kleinen Topf geben. Das Agar-Agar-Pulver zugeben und glatt rühren. Unter Rühren zum Kochen bringen, einmal aufkochen lassen und von der heißen Platte nehmen. Abkühlen lassen, bis der Guss zu gelieren beginnt – das kann rund 20 Minuten dauern. Dann gleichmäßig über die Erdbeeren verteilen.

Empfehlung: Die Torte vor dem Servieren 2 Stunden kühl stellen.

Tipp: Alternativ kann man den Guss auch mit 1 Päckchen rotem Tortenguss, 1 TL Zucker, ½ TL Johannisbrotkernmehl und 250 ml Wasser zubereiten. Das Johannisbrotkernmehl mit Zucker und Tortenguss mischen und dann nach Packungsangaben zubereiten.

1 Stück (100 g): 260 kcal, 8 g (13 E%) Eiweiß, 22 g (78 E%) Fett, 6 g (10 E%) Kohlenhydrate. Die Kohlenhydratdichte mit 6 g pro 100 g liegt im niedrigen Bereich.

Zubereitungszeit: 30 Minuten
Backzeit: ca. 25 Minuten
Ruhezeit: 35 Minuten bzw. 2 ½ Stunden
Schwierigkeitsgrad: einfach

Nuss-Sahne-Torte

Ergibt 8 Stücke

Für den Boden:
- 75 g gemahlene, blanchierte Mandeln
- ½ TL Backpulver
- 3 Eier, Salz
- 1 EL Flüssigsüßstoff oder 16 Tropfen Stevia Fluid

Für den Belag:
- 80 g gehackte Haselnüsse + 1 EL für die Deko
- 4 Blatt weiße Gelatine
- 400 g Sahne
- 15–20 Tropfen Bittermandelaroma
- 1 EL dunkles Kakaopulver
- Flüssigsüßstoff
- **Springform** (ø 26 cm)

1. Den Backofen auf 200° (Umluft 180°) vorheizen. Die Form mit Butter einfetten und dünn mit Mehl bestäuben. Die Mandeln mit dem Backpulver mischen. In einem Topf Wasser erhitzen, aber nicht kochen lassen.

2. Die Eier trennen. Die Eiweiße mit 1 Prise Salz sehr steif schlagen und abgedeckt kühl stellen. Die Eigelbe mit dem Süßstoff und 4 EL warmem Wasser in einer Metallschüssel cremig rühren. Dann die Schüssel ins Wasserbad hängen und die Creme dickcremig aufschlagen.

3. Aus dem Wasserbad nehmen und mit der Mandelmischung zu einem glatten Teig verrühren. Den Eischnee unterheben. Den Teig in die Form geben. Im Ofen (Mitte) 20–25 Minuten backen.

4. Herausnehmen, den Kuchen aus der Form lösen und auskühlen lassen. Währenddessen 80 g gehackte Haselnüsse in einer beschichteten Pfanne ohne Fett bei mittlerer Hitze unter Rühren rösten. Die Nüsse dürfen nicht zu stark erhitzt werden, weil sie sonst bitter schmecken. Abkühlen lassen.

5. Währenddessen die Gelatine 8–10 Minuten in kaltem Wasser einweichen. Die Sahne steif schlagen und abgedeckt kalt stellen.

6. Die gerösteten Nüsse, Bittermandelaroma, Kakao und 1 EL Süßstoff gut verrühren. Die Schlagsahne unterheben. Die Gelatineblätter leicht ausdrücken und in einem kleinen Topf bei geringer Hitzezufuhr erwärmen, bis sich die Gelatine aufgelöst hat. Dann zügig 2 EL Nusssahne einrühren und diese Mischung sofort unter die Nusssahne rühren.

7. Den abgekühlten Boden mit einem scharfen Messer quer halbieren. Den unteren Boden auf eine Tortenplatte legen und mit einem Tortenring umschließen. Zwei Drittel der Nusssahne darauf verstreichen. Den zweiten Boden auflegen und gleichmäßig mit der übrigen Nusssahne bestreichen. Die Torte für mindestens 3–4 Stunden in den Kühlschrank stellen.

8. Vor dem Servieren den Tortenring entfernen und die Torte mit 1 EL gehackten Haselnüsse garnieren.

Kohlenhydrat-Spareffekt: Mit einem Stück dieser Nuss-Sahne-Torte sparen Sie gegenüber einem herkömmlichen Stück Nuss-Sahne-Torte 23 g Kohlenhydrate ein.

1 Stück (100 g): 330 kcal, 8 g (11 E%) Eiweiß, 30 g (84 E%) Fett, 4 g (5 E%) Kohlenhydrate. Die Kohlenhydratdichte mit 4 g pro 100 g liegt im niedrigen Bereich.

Zubereitungszeit: 40 Minuten
Backzeit: ca. 25 Minuten
Kühlzeit: 3–4 Stunden
Schwierigkeitsgrad: mittel

Kokosbällchen mit Zwetschgensauce

2 Portionen

- 125 g Ricotta
- 1 EL gemahlene, blanchierte Mandeln
- 1 schwach gehäufter EL Kokosmehl
- 1 TL Johannisbrotkernmehl
- 1 Eigelb
- 2 TL Zucker
- 100 g Zwetschgen
- 1 EL Portwein
- ¼ TL Zimt
- Mark von 1 Vanilleschote
- 50 ml Kondensmilch (4 % Fett)
- 60 g Kokosraspel

1. Den Ricotta in ein sauberes Geschirrtuch geben und in einem Sieb 30 Minuten abtropfen lassen.

2. Den Ricotta mit dem Tuch fest umwickeln und die Flüssigkeit auspressen. Die Mandeln fein sieben. Kokosmehl und Johannisbrotkernmehl mischen.

3. Das Eigelb mit 1 TL Zucker schaumig rühren. Das Kokosmehl unterrühren. Mit dem Ricotta und den Mandeln zu einem glatten Teig verkneten. Zu einer Kugel formen, auf ein angefeuchtetes Geschirrtuch legen und fest einrollen. Im Kühlschrank 2 Stunden ruhen lassen.

4. Nach der Kühlzeit in einem weiten Topf Wasser zum Kochen bringen. Die Hände mit Mehl oder gemahlenen Mandeln bestäuben. Aus dem Teig 6–8 Bällchen formen. Auf eine Schaumkelle setzen und ins kochende Wasser gleiten lassen. Die Hitzezufuhr reduzieren, sodass das Wasser nicht mehr kocht. Von dem Moment an, da die Bällchen an die Oberfläche schwimmen, noch 6–7 Minuten gar ziehen lassen.

5. Währenddessen die Zwetschgen waschen, halbieren, entsteinen und würfeln. In einem Topf 2 EL Wasser erhitzen und 1 TL Zucker darin karamellisieren. Mit dem Portwein ablöschen. Zwetschgen, Zimt und Vanillemark zugeben und 2–4 Minuten köcheln lassen. ½ TL Johannisbrotkernmehl unter Rühren zufügen und alles noch 1 Minute kochen lassen.

6. Die Kokosraspel in einer beschichteten Pfanne ohne Fett zartbraun rösten. Die Bällchen mit der Schaumkelle aus dem Wasser heben und in einem Sieb abtropfen lassen. Die Kondensmilch in ein Schüsselchen geben. Die Bällchen rundum eintauchen und in den gerösteten Kokosraspeln wälzen. Mit der warmen Zwetschgensauce servieren.

Backtipp: Statt die Ricottabällchen gar ziehen zu lassen, können Sie sie auch im Ofen backen. Den Backofen auf 180° (Umluft 160°) vorheizen. Die Bällchen formen, in die Kondensmilch tauchen und in den ungerösteten Kokosraspeln wälzen. Im Backofen (Mitte) etwa 20 Minuten backen.

1 Portion (165 g): 300 kcal, 10 g (14 E%) Eiweiß, 21 g (61 E%) Fett, 17 g (23 E%) Kohlenhydrate und 1 g (2 E%)Alkohol. Die Kohlenhydratdichte mit 10,6 g pro 100 g liegt im niedrigen Bereich.

Zubereitungszeit: 45 Minuten
Ruhezeiten: 2 ½ Stunden
Schwierigkeitsgrad: mittel

Topfenknödel mit Blutorangenragout

4 Portionen

Für die Knödel:
- 75 g gemahlene, blanchierte Mandeln
- 100 g Eiweißpulver (Vanille)
- 100 g Magerquark
- 10 g weiche Butter
- 60 g saure Sahne
- 1 Ei

Für das Ragout:
- 2 Blutorangen
- 4 cl Fruchtsirup (z. B. Grenadinesirup)
- 1 Stück Sternanis
- Mark von ½ Vanilleschote
- ½ Stange Zimt
- 1 Scheibe Ingwer
- ½ TL Johannisbrotkernmehl

1. Die Mandeln mit dem Eiweißpulver mischen. Quark, Butter, saure Sahne und das Ei gut verrühren. Mit der Mandelmischung zu einem Teig verkneten. Den Teig zugedeckt 30 Minuten kühl stellen.

2. Gegen Ende der Kühlzeit das Ragout vorbereiten. 1 Orange heiß waschen, trocken tupfen und die Schale mit einem Zestenreißer abziehen. Den Grenadinesirup zum Kochen bringen. Die Zesten, Sternanis, Vanillemark, Zimt und Ingwer zugeben und 30 Minuten bei mittlerer Hitze garen.

3. Währenddessen in einem Topf Wasser zum Kochen bringen. Aus dem Topfenteig 4 Klöße formen. Auf eine Schaumkelle setzen und ins kochende Wasser gleiten lassen. Die Hitzezufuhr reduzieren, sodass das Wasser nicht mehr kocht. Von dem Moment an, da die Klöße an die Oberfläche schwimmen, in 15–20 Minuten gar ziehen lassen.

5. Inzwischen den Saft der abgezogenen Orange auspressen. Die zweite Orange schälen und über einer Schüssel filetieren. Den dabei austretenden Saft auffangen. Den Orangensaft unter den Gewürzsirup rühren und diesen erneut zum Kochen bringen. Das Johannisbrotkernmehl in den kochenden Saft rühren.

6. Den Topf von der heißen Platte nehmen und die Orangenfilets vorsichtig unter den Gewürzsirup mischen. Die Knödel aus dem Wasser heben. Abtropfen lassen, je 1 Knödel auf einen Teller setzen und sofort aufreißen. Das Ragout in die Topfenknödel geben und sofort servieren.

1 Portion (150 g): 340 kcal, 30 g (41 E%) Eiweiß, 28 g (42 E%) Fett, 14 g (17 E%) Kohlenhydrate. Die Kohlenhydratdichte mit 9,3 g pro 100 g liegt im niedrigen Bereich.

Zubereitungszeit: 40 Minuten
Ruhezeit: 20 Minuten
Kochzeit: ca. 20 Minuten
Schwierigkeitsgrad: mittel

Ricotta-Blaubeer-Krapfen

4 Portionen

- 100 g Ricotta
- 25 g Magerquark
- 70 g frische Blaubeeren
- 1 Ei, Salz
- 10 g Puderzucker
- 10 g Weizenmehl
- 10 g gemahlene, blanchierte Mandeln
- 1 schwach gehäufter TL Johannisbrotkernmehl
- ¼ TL gemahlene Vanille
- 150 g Frittierfett
- Puderzucker zum Bestäuben

1. Ricotta und Quark auf ein sauberes Geschirrtuch geben und in einem Sieb 30 Minuten abtropfen lassen.

2. Inzwischen die Blaubeeren waschen und größere Beeren halbieren. Das Ei trennen, das Eiweiß mit 1 Prise Salz steif schlagen. Den Ricottaquark mit dem Tuch fest umwickeln und die Flüssigkeit auspressen.

3. Den Ricottaquark mit dem Eigelb, Puderzucker, Mehl, Mandeln, der gemahlenen Vanille und dem Johannisbrotkernmehl gut verrühren. Zunächst den Eischnee, dann die Blaubeeren unterheben.

4. Das Frittierfett in einem hohen Topf erhitzen. Mit einem Esslöffel 8–10 Bällchen aus dem Ricottateig abstechen und im Frittierfett goldbraun ausbacken. Mit einem Schaumlöffel herausheben und auf Küchenkrepp etwas entfetten.

5. Die Ricotta-Blaubeer-Krapfen hauchdünn mit Puderzucker bestäuben.

1 Portion (2 Krapfen, 80 g): 230 kcal, 6 g (10 E%) Eiweiß, 21 g (80 E%) Fett, 6 g (10 E%) Kohlenhydrate. Die Kohlenhydratdichte mit 7,5 g pro 100 g liegt im niedrigen Bereich.

Zubereitungszeit: 60 Minuten
Schwierigkeitsgrad: mittel

SEITE 187

LOGIsche Germknödel mit Butter und Mohn

2 Portionen

- 300 g Ricotta
- 30 g gemahlene, blanchierte Mandeln
- 3 Eigelbe
- 3 schwach gehäufte TL Zucker
- 2 schwach gehäufte EL Kokosmehl
- 1 TL Johannisbrotkernmehl
- 20 g Weizenmehl
- 75 g Zwetschgen (frisch oder aus dem Glas)
- 1 TL Portwein
- ¼ TL Zimt
- ½ TL gemahlene Vanille
- 35 g Butter
- 2 TL gemahlener Mohn
- 2 schwach gehäufte TL Puderzucker
- Mehl zum Bestäuben

1. Den Ricotta auf ein sauberes Geschirrtuch geben und in einem Sieb 30 Minuten abtropfen lassen. Den Ricotta dann mit dem Tuch fest umwickeln und die Flüssigkeit auspressen. Die Mandeln fein sieben.

2. 2 Eigelbe mit dem Zucker schaumig rühren. Das Kokosmehl unterrühren. Mit dem Ricotta, ½ TL Johannisbrotkernmehl und den gesiebten Mandeln zu einem glatten Teig verkneten. In ein angefeuchtetes Geschirrtuch geben und fest einrollen. Im Kühlschrank mindestens 2 Stunden ruhen lassen – besser noch über Nacht.

3. Frische Zwetschgen waschen, halbieren und entsteinen, eingemachte Zwetschgen abtropfen lassen. Anschließend würfeln. In einem Topf 2 EL Wasser, Portwein und 1 TL Zucker erhitzen. Zwetschgen, Zimt und ¼ TL gemahlene Vanille zufügen und in 2–4 Minuten dicklich einkochen lassen. ½ TL Johannisbrotkernmehl unter Rühren zufügen und noch 1 Minute unter Rühren kochen lassen. Das Zwetschgenkompott pürieren und auskühlen lassen.

4. Etwa 1 Stunde vor dem Servieren den Backofen auf 180° (Umluft 160°) vorheizen. Das Backblech mit Backpapier belegen.

5. Die Hände mit Mehl bestäuben. Aus dem Teig 4 Kugeln formen, jeweils etwas flach drücken. 1 Teigfladen auf die Handfläche legen, 1–2 EL Zwetschgenmus in die Mitte geben und mit 1 weiteren Teigfladen bedecken. Behutsam zu einem Knödel formen. Die Hände zwischenzeitlich immer wieder mit etwas Mehl oder gemahlenen Mandeln bestäuben, damit die Knödel nicht an den Händen kleben.

6. 1 Eigelb verquirlen, die beiden Knödel damit rundum bepinseln. Das verhindert, dass die Oberfläche der Knödel beim Backen aufreißt. Die Knödel im Ofen (Mitte) 30–35 Minuten backen.

7. Unmittelbar vor dem Servieren die Butter in einem Topf zerlassen. ¼ TL gemahlene Vanille einrühren und die Butter einmal kurz aufkochen lassen. Von der heißen Herdplatte nehmen. Mohn und Puderzucker gut mischen. Die Germknödel auf 2 Tellern anrichten, mit Vanillebutter übergießen und mit etwas Mohnzucker bestreuen.

Kohlenhydrat-Spareffekt: Mit einem LOGIschen Germknödel mit Butter und Mohn sparen Sie gegenüber einer vergleichbaren Portion traditioneller Germknödel 81 g Kohlenhydrate und 350 Kalorien ein.

1 Portion (285 g): 650 kcal, 23 g (14 E%) Eiweiß, 49 g (66 E%) Fett, 32 g (20 E%) Kohlenhydrate. Die Kohlenhydratdichte mit 11,2 g pro 100 g liegt im niedrigen Bereich.

Zubereitungszeit: 30 Minuten
Ruhezeit: mindestens 2 Stunden
Backzeit: 35 Minuten
Schwierigkeitsgrad: mittel bis schwer

Leseempfehlungen rund um die LOGI-Methode und um den gesunden Lebensstil.

**LOGI-METHODE.
Glücklich und schlank.**
Mit viel Eiweiß und dem richtigen Fett.
Das komplette LOGI-Basiswissen.
Mit umfangreichem Rezeptteil.
Dr. Nicolai Worm
978-3-927372-26-9 **19,90 €**

**LOGI-METHODE.
Vegetarisch kochen mit
der LOGI-Methode.**
LOGI ohne Fisch und Fleisch?
Na klar! 80 innovative und kreative
LOGI-Veggie-Rezepte.
Wenige Kohlenhydrate – glutenfrei!
Susanne Thiel | Dr. Nicolai Worm
978-3-927372-80-1 **19,95 €**

**LOGI-METHODE.
Das große LOGI-Back- und
Dessertbuch.**
Über 100 raffinierte Dessertrezepte,
die Sie niemals für möglich gehalten
hätten. So macht Leben nach LOGI
noch mehr Spaß!
Mit ausführlichem Stevia-Extrakapitel.
Franca Mangiameli | Heike Lemberger
978-3-927372-66-5 **19,95 €**

**LOGI-METHODE.
Die LOGI-Kochkarten.**
Die besten LOGI-Rezepte.
Einfallsreich, einfach, preiswert.
978-3-927372-45-0 **17,95 €**

**LOGI-METHODE.
Das große LOGI-Kochbuch.**
120 raffinierte Rezepte zur Ernährungs-
revolution von Dr. Nicolai Worm.
Mit exklusiven LOGI-Kompositionen
der Spitzenköche Alfons Schuhbeck,
Vincent Klink, Ralf Zacherl, Christian
Henze und Andreas Gerlach.
Franca Mangiameli
978-3-927372-29-0 **19,95 €**

**LOGI-METHODE.
Das neue große LOGI-Kochbuch.**
120 neue Rezepte – auch für Desserts,
Backwaren und vegetarische Küche.
Jede Menge LOGI-Tricks und die klügsten
Alternativen zu Pizza, Pommes und Pasta.
Franca Mangiameli | Heike Lemberger
978-3-927372-44-3 **19,95 €**

**LOGI-METHODE.
Abnehmen lernen.
In nur zehn Wochen!**
Das intelligente LOGI-Power-Programm
zur dauerhaften Gewichtsreduktion.
Mit diesem Tagebuch werden Sie Ihr
eigener LOGI-Coach!
Heike Lemberger | Franca Mangiameli
978-3-927372-46-7 **18,95 €**

**LOGI-METHODE.
LOGI-Guide.**
Tabellen mit über 500 Lebensmitteln,
bewertet nach ihrem glykämischen Index
und ihrer glykämischen Last.
Franca Mangiameli | Dr. Nicolai Worm
978-3-927372-28-3 **6,90 €**

**LOGI-METHODE.
LOGI durch den Tag.**
Kombinieren Sie Ihren LOGI-Abnehmplan
aus 50 Frühstücken, 50 Mittagessen
und 50 Abendessen. Maximale Sättigung
mit weniger als 1.600 Kalorien
und 80 Gramm Kohlenhydraten pro Tag!
Franca Mangiameli
978-3-927372-79-5 **29,95 €**

**LOGI-METHODE.
Die LOGI-Akademie.**
LOGI lehren – LOGI verstehen.
Ein Leitfaden zur Patientenschulung
und zum Selbststudium.
Franca Mangiameli
978-3-927372-59-7 **48,00 €**

**LOGI-METHODE.
Das LOGI-Menü.**
Logisch kombiniert: 50 Vorspeisen,
50 Hauptgerichte, 50 Desserts.
Franca Mangiameli
978-3-927372-60-3 **29,95 €**

**LOGI-METHODE.
Der LOGI-Tageskalender 2012.**
Rezepte und Tricks für jeden Tag.
978-3-927372-88-7 **15,95 €**

**LOGI-METHODE.
Der LOGI-Wochenplaner 2012.**
Woche für Woche alles LOGI!
Tipps und Tricks und Übersicht.
978-3-927372-89-4 **9,95 €**

**Leicht abnehmen!
Geheimrezept Eiweiß.**
So werden Sie die Pfunde sicher los.
Gewicht verlieren mit Eiweiß und
Formula-Mahlzeiten. Und dann:
gesund und schlank auf Dauer mit L
Dr. Hardy Walle | Dr. Nicolai Worm
978-3-927372-39-9 **19,9**

**Leicht abnehmen!
Das Rezeptbuch.**
Gewicht verlieren mit Eiweiß und Fo
Mahlzeiten. Und dafür: 70 einf
und abwechslungsreiche LOGI-Reze
rund um den Powerstoff Eiweiß.
Dr. Hardy Walle
978-3-927372-40-5 **12,9**

**Mehr vom Sport!
Low-Carb und LOGI in der
Sporternährung.**
Unter Mitwirkung zahlreicher
Spitzensportler: Boxweltmeister Fe
Sturm, Schwimmprofi Mark Warne
Leichtathlet Danny Ecker und viele
Clifford Opoku-Afari | Dr. Nicolai Wo
Heike Lemberger
978-3-927372-41-2 **19,9**

**LOGI-METHODE.
Bauch, Beine, Po – das
LOGI-Workout für Frauen.**
Inklusive ausführlichem Booklet.
Mathias Maier
978-3-927372-98-6 **14,9**